Jurij Brězan

Hunds Tagebuch

Jurij Brězan

HUNDS TAGEBUCH

Illustriert
von Volker Kriegel

Gustav Kiepenheuer Verlag

Ich heiße Max, auf einmal soll ich Kifko heißen.

Ich bin sehr traurig.

Gestern nachmittag kam ein Mann zu uns, redete mit meinen Leuten und setzte mich in sein Auto. Das Auto stank, aber ich lag weich darin. Es brummte los, ich rollte mich zusammen, und es war mir egal, daß der Mann mich dauernd Kifko nannte. Meinetwegen, dachte ich, bald bin ich wieder daheim und heiße weiter Max.

Schließlich setzte er mich hinaus, und ich war nicht daheim. Das Gras war grün und weich wie zu Hause, doch meine Mutter war nicht da, meine beiden Schwestern auch nicht, nur mein Schlaflappen war da. Und der Mann und seine Frau.

Die Frau stellte mir warme Milch mit Haferflocken hin. Ich war zufrieden und schlief eine Runde unter ihrem Tisch. Dann sagte ich: »Ich will heim.«

Gleich machte der Mann die Tür auf. Das Auto stand da, ich sagte: »Heb mich hinein.«

Er sagte, ich solle pfützeln. Von mir aus, dachte ich, erschnüffelte einen geeigneten Platz und ließ ausfließen, was ich in der Blase hatte. Es war nicht viel, aber ich wollte nicht, daß er fürchtet, ich würde sein Auto vollpinkeln.

Aber nichts war's mit der Heimfahrt.

Die beiden standen in der Haustür und lockten mich. Ich legte mich vor das Auto. Ich war ja lange genug hier zu Besuch. Sie lachten. Der Mann ergriff mich am Kragen und setzte mich der Frau in die Arme. Sie streichelte mich und redete liebe Worte.

Drinnen durfte ich bei ihr auf dem Schoß liegen. Sie roch gut, und ich schob die Nase unter ihren Arm. Beinahe wäre ich eingeschlafen; aber auf einmal fuhr mir das Heimweh in den Bauch und in den Hals, es biß und brannte mich arg. Ich schluckte und schluckte und weinelte auch ein bißchen, ich wollte nicht länger Kifko sein, sondern ganz, ganz sehr wieder Max.

Wieder gaben sie mir Milch und Haferflocken und liebes Gerede.

Aber ich wollte keine Milch, wollte keine Haferflocken und auch nicht ihr leises, freundliches Reden und ihr Streicheln. Mitten im Zimmer lag mein Schlaflappen, ich zog ihn unter den Schreibtisch und rollte mich so klein zusammen, daß noch eine meiner Schwestern neben mir auf dem Lappen hätte liegen können. Alles tat mir weh, die Ohren, die Nase, die Beine – einfach alles, und im Bauch brannte das Heimweh.

Die Frau kauerte sich zu mir, redete mir leise zu und streichelte mich ganz sanft. Der Mann saß dabei und brummelte, daß ich zwar wirklich ein armer kleiner Hund sei, aber doch ihr lieber Kifko. Als es mich aus dem Bauch nicht mehr stieß, machte ich die Augen zu, und sie sagten, ich solle schlafen. Sie löschten das Licht, gingen weg und machten die Tür zu.

Ich war allein, es war finster und alles fremd. Gleich kam das Heimweh wieder, nistete im Bauch und stak mir im Hals. Zuerst weinelte und winselte ich ein bißchen vor mich hin; aber das Heimweh war so dick und groß, daß ich den Mund weit aufreißen mußte, damit es aus mir hinauskonnte. Zum ersten Mal im Leben bellte ich auf, ich staunte, aber stolz war ich gar nicht darauf.

Der Mann kam zurück und sagte: »Schlafen, Kifko! Und ganz still!« Und wieder war ich allein, ich armer kleiner, verlassener Dackelhund.

Ich winselte und jammerte immer lauter. Als nichts geschah, hatte ich fast gar kein Mitleid mehr mit mir, aber viel Zorn auf die Leute, und schaffte sogar zwei richtige scharfe Beller. Nichts rührte sich. Plötzlich aber schnarrte der lange Kasten an der Wand auf und brüllte mich an mit »bomm« und »bamm« – ich erschrak sehr und hielt den Mund. Als der Kasten endlich Ruhe gab, überlegte ich, wie ich die Leute strafen könnte. Zuerst bepfützte ich ihnen den Teppich, in der

Mitte und auch an den Seiten. Leider hatte ich nicht viel in der Blase. Zum Glück aber begann es mir im Bauch zu rumoren, und ich konnte ihnen ein ordentliches Häufchen unter den Tisch setzen. Ich suchte nach weiteren Strafen und entdeckte im untersten Regalfach ein dickes Buch. Ich zog und zerrte, bis es herausfiel. Es roch nicht gut, doch zerreißen ließ es sich leicht. Die Fetzen verteilte ich in der ganzen Stube. Ich schätze, es waren hundert oder fünf oder noch mehr. Von der vielen Arbeit wurde ich sehr müde. Ich erschnupperte meinen Schlaflappen und schlief ein. Mir träumte, ich sei wieder zu Hause. Meine Beine rannten ganz von allein zu meiner Mutter. Im Traum war ich sehr fröhlich und hieß wieder Max.

Am Morgen war alles anders. Der fremde Mann, die fremde Frau und das Haus fremd. Dazu ein bißchen Geschimpfe wegen der Pfützen auf dem Teppich, dem Häufchen unter dem Tisch und dem zerfledderten Buch. Der Mann verlangte, daß ich mich schäme, aber die Frau sagte, daß ich doch noch sehr klein sei. Ich verriet nicht, daß ich alles mit Absicht gemacht habe.

Ich bekam zu essen und zu trinken, und der Mann marschierte mit mir durch den Garten. Er hat lange Beine, und ich mußte mich sehr anstrengen, um mitzuhalten.

Sie hatten hohe Bäume, viele Sträucher und eine große Wiese mit Mäuselöchern. Ich schnupperte die Gerüche, grub auch ein wenig, hob kleine Zweige auf und biß hohe Halme ab – langweilig war es hier nicht. Der Mann freute sich, daß mir der Garten gefiel. Ihm zu Gefallen stellte ich auch manchmal die Ohren auf, wenn er mich »Kifko« rief. Zweimal spazierten wir am Zaun entlang durch den Garten. So weit war ich im ganzen Leben noch nicht gelaufen.

Im Haus schenkten sie mir eine schöne weiche, fast weiße Decke zum Schlafen, dazu eine verschwitzte Ledermütze und einen samtenen Pantoffel, der fein nach der Frau duftete. Ich schleppte Pantoffel und Mütze auf meine Decke und rollte mich daneben ein. Es schlief sich beinahe so gut wie daheim, wenn ich der Mutter die Nase ins Fell schob. Als ich ausgeschlafen war, beschäftigte ich mich mit der Mütze. Die Mütze war ein Marder, ich faßte ihn im Genick und schüttelte ihn ab. Dann war er gelähmt oder ganz tot; ich legte ihn ab, setzte die linke Vorderpfote auf seinen Rücken und blickte, den Kopf erhoben, den Mann an. Doch er begriff nichts – und die Frau auch nicht. Sie dachten, daß ich spiele. Die Leute haben wahrscheinlich keine Ahnung, was ein kleiner Dackel alles lernen muß. Wenn ich nämlich nicht mit der Mütze trainieren würde – was wäre dann, wenn plötzlich ein wirklicher Marder vor mir stünde? Vielleicht würde ich ihn am Schwanz fassen! Oder ich machte mir vor Angst in die Hose! Jeder Dackel weit und breit würde mich als Feigling verspotten und möglicherweise sogar anpinkeln. Und meine Mutter würde sich meinetwegen schrecklich schämen.

Das soll mir nicht passieren, mir nicht! Darum benutze ich alles zum Training. Und die Leute denken, ich spiele!

Überhaupt sind Menschen komisch. Nase und Augen haben sie sonstwo, und so stolpern sie ständig. Der Mann und die Frau sind schon siebenmal auf mich getreten, auf die Pfoten oder den Schwanz. Mir tut das weh, sie aber schreien: »Paß doch auf, Kifko!« Ich frage mich, wer hier nicht aufpaßt!

Der Mann ist sogar über mich gestolpert und hingefallen. Und was hat er gesagt? »Kriech mir nicht dauernd vor den Füßen herum, Kifko! Deinetwegen werde ich mir noch die Knochen brechen!« Daß er mir mit seinen großen Schuhen das Rückgrat brechen könnte – davon kein Wort!

Meine Mutter hätte mich sicher über die Sonderbarkeiten der Menschen aufgeklärt. Ich krieche unter den Tisch und denke ein bißchen an sie. Sofort beginnt es mich wieder in Bauch und Hals zu stoßen. »Armer Kerl«, sagt die Frau.

Ich komme unter dem Tisch hervor und darf auf ihren Schoß.

Und auf einmal ist das stoßende Heimweh weg.

Was ich überhaupt nicht ausstehen kann, ist ihr ständiges »Pfui«. Davon tun mir schon die Ohren weh.

Gleich frühmorgens wegen des Häufchens und einer winzigen Pfütze in der Stube. Wenn ich muß, muß ich, aber das begreifen sie nicht. Nachts habe ich doch nur den Teppich und keine Wiese. Am Tage gehe ich immer auf die Wiese. Da muß man auch erst suchen und schnuppern, bevor man den richtigen Fleck findet. Dann loben sie mich, und ich bin ihr braver Kifko. Vom Lob tun mir die Ohren nicht weh, aber wenn sie sich doch endlich ihr dummes »Pfui« abgewöhnen würden! Wenn ich nach einem Hosenbein schnappe: »Pfui«, wenn ich ihren Pantoffel beknabbere: »Pfui«, wenn ich einen Blumentopf umwerfe: »Pfui«, wenn ich mich ein bißchen mit dem Teppich beschäftige: »Pfui« – hundertmal am Tag dieses blöde Wort!

Ein anderes Wort heißt: »Raus!« Aus der Küche raus, raus aus dem Bad, hier raus, da raus, aber sie, sie dürfen überall sein. Das ist ungerecht.

Ungerecht ist auch, daß sie mich bei jeder Gelegenheit mit einer gefalteten Zeitung schlagen. Nicht, daß es weh tut, aber prügele ich sie?

Trotz allem habe ich das Gefühl, daß sie mich gern haben. Beinahe denke ich, daß ich doch Kifko heißen will.

Ich kenne nun jeden Fleck im Garten und habe schon siebenundsiebzig Mauselöcher erschnuppert. Mäuse fange ich allerdings nicht, das ist Katzensache. Gestern saß eine Katze, schwarz mit weißen Füßen, auf unserer Wiese und lauerte. Sie riß vor mir aus, und ich fegte hinter ihr her. Wenn ich sie erwischt hätte, wär's um sie geschehen gewesen! Ich denke schon, daß ich ein rechter Dackelheld bin.

Am Abend war ich wieder ein Held, bloß ein bißchen weniger. Ich saß im Hausflur und überlegte gerade, ob ich einen Schuh von der Frau in mein Körbchen verschleppen sollte. Da fuhr mir auf einmal ein sonderbarer, ganz fremder Geruch in die Nase. Irgend etwas bewegte sich leise auf den Steinplatten vor der Haustür. Ich sprang hoch, und der Mann öffnete mir. Fünf Sprünge – und ich hatte ein merkwürdiges Ding gefangen. Das heißt, eigentlich nicht gefangen, sondern eingeholt. Es war eine graue, übelriechende Kugel. Ich streckte die Nase vor – und stach mich gewaltig. Das Stinkvieh war rundherum mit Nadeln besteckt. Meine Nase tat ziemlich weh, und ich schob mich einen Schritt weit zurück. Sofort richtete sich der Nadelhaufen auf und wetzte in die Sträucher. Ohne weiteres hätte ich den Stinker fangen können, wäre ein großer Held gewesen und hätte eine blutige Nase gehabt. Ich ließ ihn laufen, in meinem Bauch aber schämte ich mich ein bißchen.

Mitten in der Nacht wachte ich auf, weil draußen unter dem Fenster eine Katze herumschlich. Weil ich nicht bellen durfte, konnte ich nicht mehr einschlafen. So fiel mir das stachlige Vieh wieder ein. Ich dachte lange nach, über mich und das Ding. Schließlich erinnerte ich mich an eine Lehre meiner Mutter: »Eine blutige Nase darfst du dir nur dann holen, wenn du dich oder deine Leute verteidigen mußt.«

Na also, sagte ich mir, das Stinkding hat weder mich noch meine Leute angegriffen.

Erleichtert seufzte ich auf und schlief bis zum hellen Morgen.

Hach, war das ein Spaß! Ich bin noch ganz außer Puste!

Heute vormittag klingelte es bei uns. Der Mann kam ins Zimmer, nahm einen duftlosen schwarzen Knochen vom Schränkchen und redete mit ihm.

Dann sagte er zu der Frau: »Unsere Kinder kommen!«

Die Frau freute sich und sagte zu mir: »Unsere Enkel kommen, Kifko. Ganz bestimmt werdet ihr euch anfreunden.«

Er sagt »Kinder«, sie sagt »Enkel« – was denn nun eigentlich? Und mit wem ich mich anfreunde, ist immer noch meine Sache. Auf Kommando jedenfalls nicht! Mit niemandem!

Sehr neugierig war ich auf den Besuch nicht. Ich ging und zerfledderte die gestrige Zeitung.

Dann kamen sie angefahren, zwei Leute und drei Kinder: ein großer Junge, ein kleiner Junge und dazwischen ein Mädchen. Das hatte so lange Haare, daß ich sie im Sprung erreichen konnte. Dem Kleinen riß ich sogar die Mütze vom Kopf, das war ein Spaß! Er bekam aber ein bißchen Angst vor mir, wahrscheinlich bin ich zu groß für ihn. Ich leckte ihm die Hand, das heißt bei uns: Ich bin dein Freund. Er hatte keine Angst mehr, und alle vier tobten wir im Garten herum, spielten Fangen und Verstecken. Ich habe jeden gefangen und jedes Versteck gefunden. Ich denke, daß überhaupt niemand auf der Welt so rennen kann wie ich. Vielleicht eine Katze, aber dafür stinkt sie.

Am Ende mußten wir alle ins Haus, und sie tranken Kaffee und aßen Süßzeug. Ich bekam einen winzigen Happen ab. Bevor meine Freunde wieder heimfuhren, riß ich den großen Jungen und das Mädchen an den Hosenbeinen, dem kleinen wollte ich aus lauter Freundschaft die Nase lecken. Leider fiel er dabei auf den Rücken, und ich bekam Schelte. Aber nicht aus dem großen Sack.

Es war ein sehr schöner Tag, und ich freue mich schon darauf, wenn sie wieder zu Besuch kommen.

Nach dem Abendbrot mußte ich mich ruhig verhalten, weil meine Leute Musik ins Zimmer ließen. Schlafen wollte ich nicht, darum legte ich mich auf einen Platz, von wo ich alles gut beobachten konnte. Aber es gab nichts zu beobachten. Die Musik war nicht zu sehen, und der Mann und die Frau saßen da und guckten in die Luft.

Ich dachte ein wenig über uns nach und wie es sich mit uns verhalte. Daß er unser Oberhund ist, ist klar. Aber wie geht's weiter? Ich habe so eine Ahnung, als wollte sie die zweite sein. Und ich? Ehrlich gesagt, ich habe keine Lust, der letzte zu sein. Vielleicht kann ich mich mit ihr auf gleich und gleich einigen. Ihr zu Gefallen würde ich mich damit abfinden – so gutmütig, wie ich bin.

Bei der ganzen Denkerei fiel mir ein, daß ich schon zwei Wochen hier daheim bin und ihn immer noch »er« nenne und sie »sie«. Er heißt Ambros und sie Jana.

Ambros, Kifko, Jana – das hört sich ganz gut an!

Zu uns kommt des öfteren ein fremder Dackel. Am Tage habe ich ihn noch nicht gesehen, aber abends ist er da. Kaum brennt im Zimmer Licht, steht er auf der Terrasse und beobachtet uns durch die Glastür. Mit einem Satz bin ich an der Tür und verbelle ihn sehr streng. Er stiert mich nur blöde an. Ich gehe ganz nahe heran, ich fürchte mich doch nicht, vor dem schon gar nicht. Er kommt ebenfalls näher und drückt seine dreckige Nase an unsere Tür.

Ich zupfe Ambros am Hosenbein, zeige ihm den Blödmann und sage laut: »Verjag den da auf der Terrasse!«

Er lacht und sagt, ich sei ein kleiner, dummer Kifko. Das schmerzt mich sehr. Ich rolle mich im Körbchen zusammen und kümmere mich um nichts mehr.

»Binde keinen Trotzbock an!« brummt Ambros.

Das hab' ich gern: erst mich beleidigen und dann erwarten, daß ich vor Freude tanze. Oder vielleicht gar ihm die Hand lecke. Aber nicht ich! Und den blöden Dackel auf der Terrasse soll er selbst verbellen! Auf leisen Pfoten schleiche ich aus dem Korb und setze eine winzige Pfütze unter seinen Schreibtisch. Natürlich werden sie mir dann wieder ihr »Pfui« in die Ohren schrillen, aber das ist mir egal. Ich bin kein kleiner, dummer Kifko. Am liebsten würde ich wieder Max heißen.

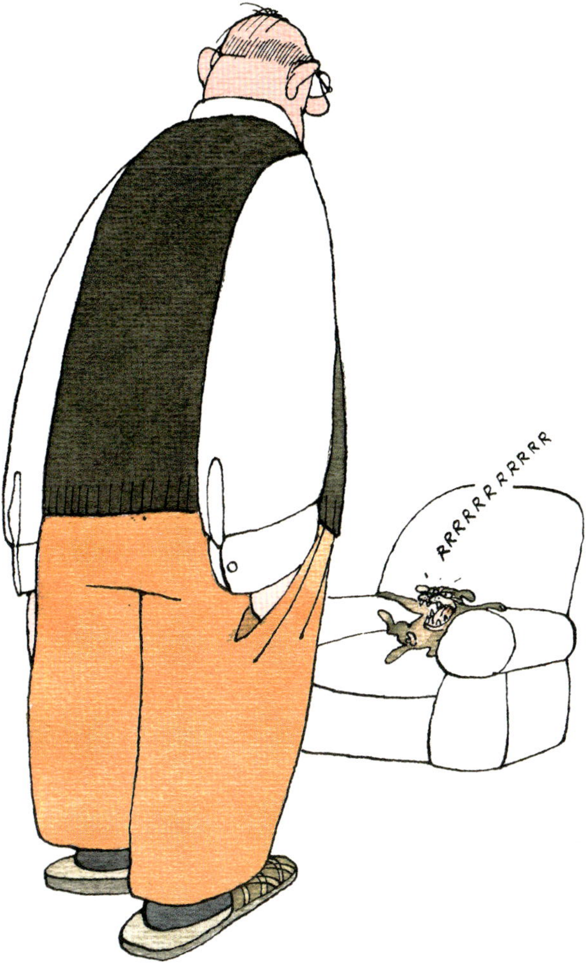
RRRRRRRRRRR

Ihr »Pfui« haben sie mir tatsächlich um die Ohren geschlagen, aber so ganz böse haben sie es wohl nicht gemeint. Sie haben mir nämlich ein feines Halsband geschenkt. Es glänzt und riecht gut. Ein Medaillon baumelt daran.

Jana hat auch so etwas um den Hals hängen. Ihr Halsband ist gelb, meines aber rot. Als ich bei ihr auf dem Schoß liegen durfte, habe ich das ihre beschnuppert. Es riecht nach nichts.

Am Nachmittag brachte Ambros eine rote Leine, die er an mein Halsband hakte. Wir gingen spazieren, und wegen der Leine mußte ich immer dicht neben ihm laufen. Ich denke nicht, daß er auch Jana an der Leine führt. Wahrscheinlich hat er das nicht nötig. Sie läuft ja sowieso immer brav an seiner rechten Seite.

Ich muß auf der linken Seite laufen. Mir scheint jedoch, daß meine Seite die vornehmere ist.

Abends durfte ich mit meiner Leine spielen. Ich wirbelte sie herum wie ein Lasso. Plötzlich biß mich das blöde Ding mit seinem glänzenden Haken so hinterlistig ins Ohr, daß ich aufjaulen mußte. Zur Strafe schleppte ich die Leine in den Garten und warf sie in einen Haufen Fichtengrün. Dort soll sie liegen, bis sie verfault. Ich lasse mir doch von ihr nicht meine Ohren zerbeißen.

Und überhaupt will ich das Ding nicht haben. Wenn

Jana ohne Leine mit Ambros spazierengehen darf – wieso dann ich nicht? Gerechtigkeit muß sein!

Heute morgen suchte Jana meine Leine. Ich lag auf dem Teppich und gab vor zu schlafen. Die Ohren aber gespitzt und ein Viertelchen Auge bei Jana.

»Such die Leine, bitte, Kifko«, bat sie schließlich ganz lieb. Ich hörte aber nichts, weil ich ja fest schlief, sogar ein bißchen schnarchte. Dann kam Ambros heim, und Jana erzählte ihm gleich, daß meine Leine verschwunden sei.

Ambros stellte sich vor mich hin und befahl: »Such die Leine!« Ich sah ihm mit meinem ehrlichsten Blick – ohne zu blinzeln – in die Augen. Jeder hätte erkennen müssen, daß ich nicht das geringste von irgendeiner Leine wußte. Er aber knurrte: »Spiel hier kein Theater, Kifko! Hol die Leine, oder es gibt Pfeffer!«

Ich weiß nicht, was Pfeffer ist, aber es klingt gefährlich. Ich legte mich auf den Rücken, die Pfoten hoch, den Bauch ungeschützt, und erklärte auf diese Weise meine Unterwerfung.

Ambros öffnete die Haustür und ging in den Garten. Ich schwänzelte hinterher, neugierig, ob er die Leine finden würde.

Aber er suchte nicht einmal, statt dessen wiederholte er sehr streng: »Bring, Kifko!«

Ich tat zuerst, als drückte mich die Blase, dann hörte ich fünf oder zwanzig Sprünge lang dem Rauschen des Waldes zu, dann richtete ich die Ohren aus auf ein fernes Hundegebell, und dann hatte ich den Befehl vergessen.

Ambros aber hatte nicht vergessen. Er knurrte böse: »Kifko!«

Ich schlamperte zu den Forsythien, schnupperte und schnupperte, grub sogar ein wenig.

Eine Weile schaute mir Ambros zu, dann redete er wieder vom Theaterschwindel und vom Pfeffer.

Er redete wirklich wie ein Oberhund, und darum nahm ich Kurs auf die Wacholderbüsche. Dort lag ein Haufen altes Laub. Ich zerschaufelte es voller Eifer. Doch leider war Ambros nicht blind und sah gleich, daß vorher keiner im Laub gegraben hatte.

»Hier brauchst du gar nicht zu suchen, du Gauner!« knurrte er wieder und drohte erneut mit dem Pfeffer.

Fünf Schritt vor den Wacholdern wächst eine halbe Pfote hoch das Fichtengrün. Ich schlenderte hin und setzte mich. Jeder Mensch konnte die Leine hier liegen sehen. Ambros brauchte nur herzukommen und sie aufzuheben. Doch er blieb auf seinem Platz stehen, als wäre er angewachsen.

»Bring die Leine, Kifko!«

Er ist furchtbar dickschädlig, ich ja nicht so sehr. Ich schleppte ihm die Leine hin. Er gab mir zwei dürre Lobworte und sagte, daß ich ein großer Schlawiner sei.

Wahrscheinlich ist das etwas Gutes.

Er war zufrieden, und Jana auch.

Die Leine verstecke ich wieder einmal. Ich will gern ein großer Schlawiner sein.

Pfui Stinkkatze und Haderlappen – hab' ich mich erschreckt!

Auf Erschrecken muß man schnellstens die Blase leeren, hat meine Mutter immer gesagt. Ich rannte hinaus und ließ einen dicken Strahl ab.

Plötzlich schrie drinnen Jana auf: »Was hast du wieder angestellt, Kifko!« Angestellt, angestellt – nichts habe ich angestellt. Sie hatte den Tisch gedeckt, Brot und Butter und Teller und Tassen. Und etwas, was mir die Nase ganz kribbelig machte.

Ich habe von meiner Mutter gelernt: Wenn etwas duftet oder stinkt, muß man erkunden, was es ist.

Weil der Tisch für mich zu hoch und Jana eben in der Küche war, faßte ich einen Zipfel vom Tischtuch, zog – und der ganze Krempel stürzte krachend herab und begrub mich unter sich. Ein hölzerner Teller traf mich am Ohr, und der Honigtopf fiel mir

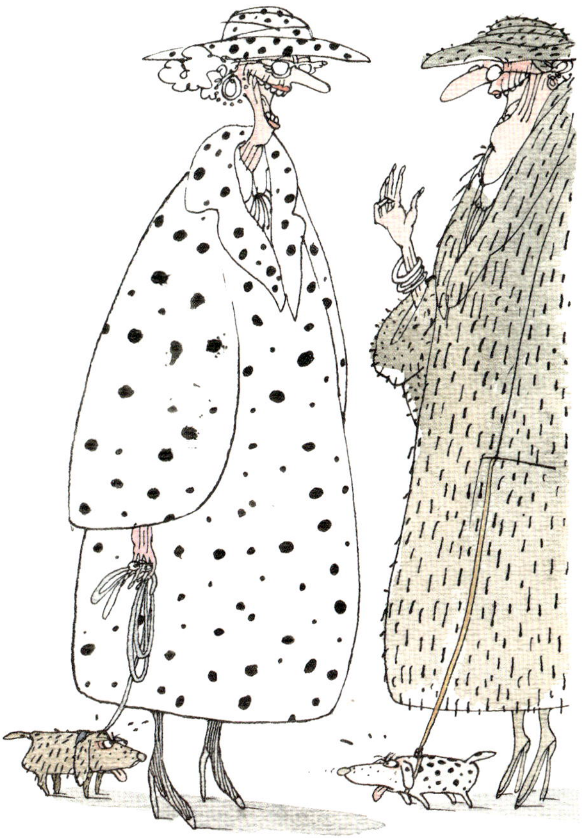

auf die Nase. Ich schaufelte und fitzte mich mit großer Mühe frei, dabei erkannte ich das Duftende als Käse. Der Käse war mir jetzt völlig Wurst – ich wetzte hinaus.

Jana rief mich. Ich versteckte mich hinter der Hausecke. Sie kam mir nach, ich rannte hinter die nächste Ecke. Ich war schon wieder fröhlich, Fangen und Verstecken macht mir immer Spaß.

Jana spielte aber nicht mit. Ein Weilchen schlenderte und schnuffelte ich im Garten herum, dann ging ich hinein.

Jana schüttete einen Riesensack Schelte über mir aus. Ich legte mich auf den Rücken und machte reumütige Augen. Der Scheltesack war immer noch nicht leer, ich erfuhr, daß eine Tasse zerbrochen und alles mit Honig beschmiert sei.

Ich lag weiter mit ungeschütztem Bauch vor Jana, bis mir klar wurde, daß ich keine Tasse zerbrochen und keinen Honig verschmiert hatte. Ich hatte ein bißchen am Tischtuch gezogen und sonst gar nichts. Kein Grund, länger den nackten Bauch hinzuhalten und um gut Wetter zu bitten.

Ich stand auf und legte mich ins Körbchen. Das Ohr tat mir noch weh und die Nase auch. Eigentlich war Jana an allem schuld. Ich beschloß, sie eine halbe Stunde lang nicht anzusehen. Diese kleine Strafe hatte sie verdient. Ich schlief ein, und mir träumte, daß ich im Wald ein Wildkaninchen fange und es Jana bringe.

Ich habe immer so schöne Träume.

Gestern abend kam ein Mann zu uns. Ich habe ihn gründlich beschnuppert. Er roch nach Auto, Hunden, Pferden, aber auch nach allem, was mir am Waldrand in die Nase steigt, so daß ich ganz jagdgierig werde.

Ich zupfte den Fremden am Hosenbein und band ihm einen Schuh auf. Er griff mich am Genick, hob mich auf den Schoß und betastete mir mit fester Hand Brust und Rücken. Dabei unterhielt er sich mit meinen Leuten. Ich hatte Zeit genug, einen Knopf von seiner grünen Jacke abzubeißen. Ich sprang hinab und benagte ihn. Jana sah das und sagte: »Kifko hat einen Knopf von dir, Peter.«

Der Peter bückte sich, meinte, daß ich wirklich ein großer Schlawiner sei, und nahm mir ganz ruhig den Knopf aus den Zähnen. Ich erkannte sofort, daß er irgendein Oberhund ist, und schnappte nicht zu.

Nun wollte er mein Heft sehen.

Ich wußte von keinem Heft, aber Ambros holte es, es war gelb. Er sagte, das sei mein Impfausweis, und Jana fügte hinzu, daß darin auch alle meine Dummheiten und Frechheiten eingetragen würden. Ich dumm und frech! Ich riß Ambros das Heft aus der Hand und wollte es zerfetzen. Doch der Peter war schneller, er nahm es mir weg. Er blätterte darin und lachte.

»Achter August – da haben wir ja am gleichen Tag Geburtstag, Kifko«, sagte er und lobte mich, weil ich kräftig gewachsen sei.

Er versprach meinen Leuten, morgen wiederzukommen und es zu machen.

Was, das habe ich heute erfahren.

Er kam wieder gegen Abend, dieses Mal mit einer großen schwarzen Tasche. Die stank mir gleich. Ich verkroch mich unter den Tisch und beobachtete ihn. Er kramte in der Tasche, und mich begann es hinter den Ohren zu kribbeln. Ich mußte mich heftig kratzen.

Ambros sagte: »Kratz dir nicht die Ohren ab, Kifko!«

Während der fremde Peter erzählte, daß er gestern einen Rehbock erlegt und heute ein Pferd, fünf Katzen und drei Hunde verarztet habe, zerbrach er ein kleines gläsernes Röhrchen. Gleich stank es so, daß ich Bauchschmerzen bekam.

»Komm her, Kifko«, redete der Peter, »du kriegst was Gutes.«

Was stinkt, ist nicht gut – ich verkroch mich ganz hinten unter den Tisch. Er ging auf die Knie und kroch mir nach – ich sprang Jana auf den Schoß. Sie streichelte mich und sagte, ich brauche keine Angst zu haben. Aber ich hatte Angst. Als der Peter herantrat, zitterte ich so, daß ich mich beinahe schämte.

Jana streichelte mich und hielt mich fest, und dieser Peter stach mich mit einer dicken Nadel grausam in den Hinterschenkel. Für einen Augenblick brannte es mir unter der Haut, als hätte dieser Peter mir hundert Ameisen hineingejagt. Am liebsten hätte ich zugeschnappt und ihm einen Finger abgebissen. Oder ihm wenigstens ein dickes Loch in die Hose gefetzt.

Doch er redete mir ganz ruhig zu, daß ich nun gesund und groß und stark und mutig sei. Darum, sagte er, darf ich auch bald einmal mit ihm auf die Jagd.

Plötzlich hatte ich keine Ameisen mehr im Hinterteil, der Bauch tat nicht mehr weh, und die Ohren kribbelten auch nicht mehr. Er versprach mir Jagd auf Wildkaninchen, auf den Fuchs und im Herbst auf Wildenten.

Ich sprang von Janas Schoß und schwänzelte zu ihm. Er sollte mehr davon erzählen, zum Beispiel, wie ich in den Fuchsbau hineinfahre, furchtlos und mutig, und den Fuchs hinausjage. Und wie alle erkennen, was für ein starker und tapferer Kifko ich bin.

Der Peter kraulte mir den Nacken, und ich band ihm aus lauter Sympathie beide Schuhe auf.

Ambros lachte. »Für die Jagd«, sagte er, »verkauft Kifko sogar seine Seele.«

Ich weiß nicht, wo eine Seele in mir steckt und wie ich sie verkaufen könnte. Ich weiß bloß, daß mein einer Ururgroßvater als Fuchsjäger der berühmteste Dackel auf der ganzen Welt war. Das hat meine Mutter erzählt. Ich denke, ich bin ganz nach diesem Ururgroßvater geraten. Wahrscheinlich werde ich auf der Jagd noch besser sein als er. Heute ist Nikolaustag, dann ist Weihnachten und bald Ostern. Dann, sagte der Peter, dürfe ich zum ersten Mal mit ihm auf Wildkaninchenjagd gehen.

Ich wünschte, morgen wäre schon Ostern.

Der Peter schrieb die Medizin in mein Heft ein und legte es auf einen Stuhl. Keiner merkte, daß ich es holte. Ich machte mir die Vorderpfote in einem Blumentopf erdig, und dann drückte ich sie fest auf das Heft. Das ist meine Unterschrift, und jeder kann sie lesen: »Der berühmteste Kifko auf der ganzen Welt.«

Das antwortete ich auch dem vertrottelten Pudelspitzgroßvater, als der wissen wollte, wer ich bin.

»Ich bin der berühmteste Kifko von der ganzen Welt«, sagte ich. Nicht, daß ich damit angeben wollte, es war einfach die reine Wahrheit. Der Trottelhund ist mein nächster Nachbar, er stand plötzlich auf dem Weg, als ich mit Ambros und Jana spazierenging, ausnahmsweise ohne Leine.

Ich grüßte – wie die Mutter es uns gelehrt hatte: »Guten Tag, Großvater.« Dabei wedelte ich höflich ein wenig mit der Rute. Der Pudelspitz fuhr mich grob an: »Ich werde dich lehren, du kleiner Graspisser, einen ehrbaren Hund zu beschimpfen!«

Auf gute Nachbarschaft muß man immer halten, habe ich auch von der Mutter gelernt. Darum ließ ich die Rute ein ganz klein wenig sinken und sagte: »Entschuldige, Großvater, aber ich habe dich wirklich nicht beschimpft.«

Er knurrte: »Gurkenfaßohr hast du mich genannt. Ich beiße dir Schwanz und Ohren ab, du ...!«

Er kam langsam, als ob er Holzbeine hätte, auf mich zu. Ich erkannte, daß er nicht nur grauzottelig, wirklich lahm und halbtaub war, sondern auch verbiestert und böse.

Ich hob die Rute steil hoch, spritzte eine Pfütze mitten auf den Weg und sagte so ganz nebenbei: »Gurkenfaßohr.«

Jana lobte mich, daß ich mich mit dem Nachbar nicht anlege. Ambros aber sah mir an, daß ich diesem Knurrhahn Lahmbein am liebsten mit meiner Rute die Nase gewischt hätte. Ich hatte ja gesehen, daß er zwar eine große Schnauze hat, aber darin bloß noch einen wackligen Hohlzahn. Darum nahm mich Ambros an die Leine, und Gurkenfaßohr stelzte in seinen Hof.

Am Abend dachte ich darüber nach, was wohl geschehen wäre, wenn ich nicht diesem zahnlosen Lahmbein, sondern einem gesunden, starken Fuchs oder gar einem wilden Keiler begegnet wäre. Wahrscheinlich hätte ich mir gesagt, daß in diesem Fall schnelle Beine besser sind als eine steile Rute, und wäre wie ein geölter Blitz in unseren Garten gewetzt. Ich denke nicht, daß mich jemand deswegen für einen Hosenscheißer hätte halten können.

Füchse und Keiler habe ich im Fernsehen gesehen. Ich sehe gern fern, wenn dort Tiere auftreten. Einmal habe ich eine Horde Affen beschnuppert; sie stinken ein bißchen nach Zigarre wie Ambros und sonst nach nichts.

Nachts träumte ich, daß ich dem Lahmbein Schwanz und Ohren abgebissen habe. Zuerst hat es mich geschüttelt vor Lachen, wie er so dastand, ein verstümmelter Halbhund, doch dann habe ich mich ein bißchen geschämt. Sogar im Traum bin ich ein ganz lieber Kifko.

Ambros brachte eine kleine Kiefer heim und stellte sie draußen vor die Haustür. Ich nahm an, das Bäumchen sei für mich, damit ich nicht andauernd einen neuen Fleck fürs Pfützeln suchen müßte. Aber himmlisches Donnerwetter, was da passierte, als ich das Kieferchen – bloß mal so zur Probe – anspritzte! Sie schalten mich einen dummen Stinker, der den ganzen Garten voller Bäume habe und sich um Gottes willen nicht noch einmal an ihrem Weihnachtsbaum vergehen solle.

Kann ich das wissen? Und überhaupt: Was heißt »Weihnachts...«? Jana erklärte mir, die kleine Kiefer würde weihnachtlich geschmückt im Zimmer stehen. Wieder dieses »Weihnacht« – und wenn das so wichtig ist, warum hat dann Ambros nur ein Bäumchen gebracht? Jana hätte sich bestimmt gefreut, wenn es mehr gewesen wären. Ich denke, er ist ein bißchen geizig. Manchmal nämlich gießt er Jana nur ein ganz kleines Gläschen duftendes bräunliches Wasser ein und stellt die Flasche wieder in den Schrank. Ich würde ihr zu trinken geben, soviel sie will.

Das ging mir so durch den Kopf, als ich auf der Küchenschwelle saß und sie das Mittagessen kochte. Ich beschloß, ihr eine Freude zu machen, und ging in den Garten. Unter einer Birke fand ich einen schönen Baum, nicht so groß wie der von Ambros und auch ohne die duftenden Nadeln, aber so schwer, daß ich ihn kaum schleppen konnte. Er kroch mir auch immer zwischen die Beine, und ich hatte große Mühe, ihn ins Haus zu zerren. Ich legte ihn auf die Küchenschwelle und wartete, daß Jana aufjauchzen und mich sehr loben würde. Statt dessen schrie sie auf: »Kifko – was schleppst du mir alte Äste rein?«

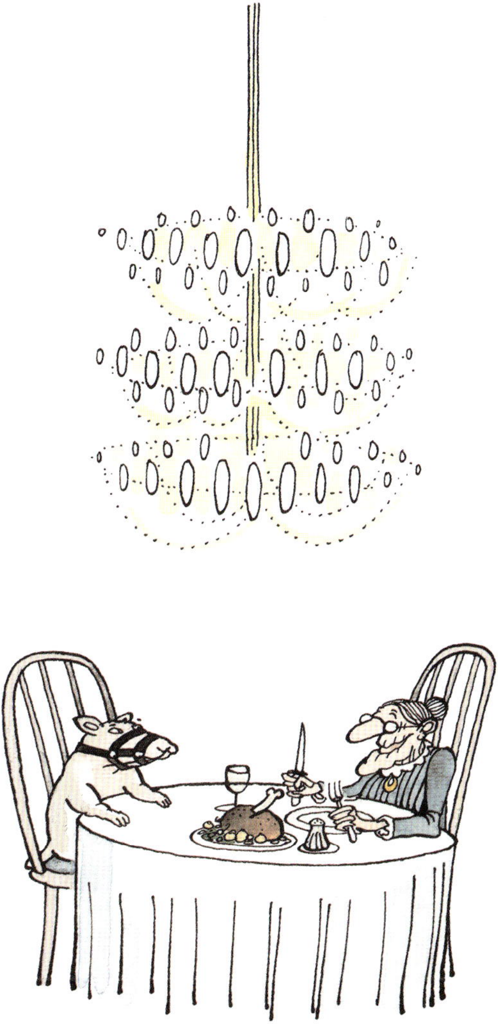

Ich glaube, ich habe noch nie im Leben so verdattert geguckt wie in dem Augenblick: Da willst du jemandem eine Freude machen und wirst zum Dank angeschrien!

Ich ging und legte mich unter die Treppe. Ich war sehr enttäuscht. Gleich kam auch Ambros dazu und knurrte mich an. Er trug meinen Baum zurück in den Garten, ich trottete hinterher, und er sagte ganz freundlich: »Alte dürre Äste brauchen wir nicht, Kifko.«

Ich verstand und machte mich auf die Suche. Schließlich fand ich Fichtenzweige, die dicht an dicht nebeneinanderlagen. Ich suchte den am schönsten benadelten aus und mußte zerren und zerren, bis er plötzlich nachgab – Ambros wäre in dem Fall bestimmt rücklings hingestürzt. Ich nahm den Zweig fest zwischen die Zähne und schleppte ihn Meter um Meter zum Haus. Ich mußte mich mächtig anstrengen, begann sogar hinter den Ohren zu schwitzen. Bis vor die Haustür, weiter konnte ich wirklich nicht. Ich bellte kurz auf, damit Jana käme und sähe, welch einen wunderschönen Baum ich ihr bringe.

Doch sie schüttelte den Kopf, murmelte traurig: »Kifko, Kifko« und rief: »Ambros, dein bescheuerter Hund deckt mir meine Tulpen ab!«

Ambros brachte den Zweig wieder dahin, von wo ich ihn mit soviel Mühe hergeschleppt hatte, und heftete ihn mit dem Gabelholz von neuem fest an die Erde.

Ich scherte mich weder um sein Murren und Knurren noch um Jana. Nicht einmal das Abendessen rührte ich an. Bin ich vielleicht ein bescheuerter Hund? Und wieso gehöre ich Ambros? Jana gehört ihm vielleicht, aber ich bin ich. Und unser!

Mir fraß der Zorn fast den Bauch kaputt. Am liebsten wäre ich in den Wald gerannt und hätte mich in einen wilden Keiler verbissen. Ich war vielleicht wütend!

In der Nacht schlich ich ins Bad und holte mir ein Handtuch von Jana ins Körbchen. Ich schlief sehr gut.

Am Morgen schalt Jana zwar ein bißchen, sagte aber »Mein lieber Kifko« zu mir. Na also, sagte ich mir, warum nicht immer so? Wir brauchen uns doch wirklich nicht wegen irgendwelcher blöder Tulpen zu streiten. Und überhaupt, ich habe nirgends welche gesehen! Ich schlenderte hin und fing an, unter den Fichtenzweigen zu suchen. Jana fuhr aus dem Haus und haute mir den Wischlappen um die Ohren.

Das begreife, wer will: Wenn du etwas nicht weißt, nennt man dich dumm, willst du es aber wissen, tanzt der Wischlappen auf dir! Ich denke, Jana muß noch viel lernen. Sie ist ja lieb, aber – ich will nicht sagen: dumm – manchmal hat sie wenig Verstand.

Als es dunkelte, habe ich aber doch eine Tulpe ausgegraben. Das ist ein rundes Etwas, es stinkt und schmeckt wie eine alte Kartoffel. Und deswegen machen sie so ein Trara und spielen verrückt!

Ambros trug seine Kiefer in die Stube, ich half ihm. Er stellte sich so ungeschickt dabei an, daß der unterste Zweig, den ich schleppte, abbrach. Und selbstverständlich gab er die Schuld mir. Mir scheint, es geht nicht anders, und ich glaube fast, sie haben mich nur deswegen hergeholt, damit sie jemanden haben, dem sie immer die Schuld unter die Pfoten schieben können.

Zum Beispiel gestern: Zwischen dem Grünzeug vor unserem großen Fenster brummte eine dicke schwarze Fliege herum. Jana mag solche Biester nicht, und darum versuchte ich den Brummer zu fangen. Der aber verhielt sich dabei so dämlich, daß eine Blume umfiel und der Topf zerbrach. Ich konnte nun wirklich nichts dafür, aber den Wischlappen habe ich um die Ohren gekriegt und nicht die dicke Fliege!

Ambros also stellte seinen grünen Besenbusch mitten in die Stube und begann Kugeln an die Zweige zu hängen, rote, blaue und auch goldene. Eine besonders große goldene fiel herunter und zersplitterte. Ambros kniete sich eilends hin und sammelte die Splitter auf. Ich bellte kurz, und Jana kam hereingestürzt. »Schade«, seufzte sie. »Unsere schönste Kugel. – Und wieder Kifko, nicht?«

Am liebsten hätte ich ihr den Wischlappen um die Ohren gehauen!

Ambros brummelte: »Leider ich.« Dabei machte er ein Gesicht, als hätte er auf den Teppich gepfützelt.

Also ehrlich ist er, das muß ich zugeben. Ich ging und leckte ihm die Hand.

»Leck dich selber!« knurrte er.

Da kann man nur sagen: ziemlich komisch, unser Oberhund!

Ich schlenderte in den Garten und jagte eine Weile die Amseln, die auf unseren Wacholdern Beeren pickten. Sie flogen keckernd auf die Buche. Ich hinterher, und sie zurück zum Wacholder. Sie kreischten, und ich bellte, sie ärgerten sich nicht, und ich machte Spaß – es war ein lustiges Spiel.

Unterdessen war Ambros mit seiner Arbeit fertig; der Baum gefiel mir jetzt wirklich gut. Auch für mich hing etwas an den Zweigen. Ich rupfte einen Pfefferkuchen ab, er schmeckte nicht schlecht. Ich suchte mehr, einer hing da, ziemlich maulgerecht zwar, aber ein wenig zu hoch. Ich mußte springen, schnappte zu – und wäre nicht Jana hinzugesprungen, wäre der Baum mitten in die Stube gefallen, direkt auf mich drauf! Zu meinem Glück mußte sie Ambros' Pfefferkuchenbusch festhalten, und ich konnte ihr und ihrem Wischlappen entkommen. Später klingelte es, und

Jana redete mit dem schwarzen Knochen vom Schränkchen.

Zum Schluß sagte sie: »Von mir aus darf er mit zu euch. Aber verdient hat er das nicht, der Schweinehund.«

Wenn sie mich Schweinehund nennen, klingt das manchmal nach Wischlappen und manchmal nach einem Fleischstückchen – man weiß nie, woran man ist. Ein Blick auf Jana, und es war klar: Die Sache roch gewaltig nach Wischlappen. Ich sagte mir: »Paß auf, Kifko!« und verkroch mich unter den Tisch.

Sie zogen sich fein an, trugen Päckchen mit Schleifen ins Auto und auch meine Leine und mein Körbchen. Mir war das überhaupt nicht geheuer.

Ambros machte das Auto auf und befahl: »Hopp, Kifko, spring!«

Ich sprang drei Schritt zurück.

Jana sagte: »Sei nicht dumm, Kifko. Du darfst mitfahren.«

Wahrscheinlich wollten sie mich wegbringen, dorthin, woher mich Ambros geholt hat. Ich wetzte los und legte mich vor die Haustür. Ich bin hier daheim!

Ambros wollte mich fangen, aber unser Oberhund ist ziemlich lahm auf den Beinen. Ich tanzte ihm vor der Nase herum, er schimpfte, japste und stolperte auch – ein wirklich lächerlicher Mann. Und natürlich lachte Jana.

Ambros wurde böse: »Du wolltest ihn ja mitnehmen, also fang ihn dir!«

Jana hatte mehr Verstand, sie begriff, daß ich hierbleiben wollte. Sie schloß mir die Haustür auf, ich schoß hinein. Sie öffnete den Kühlschrank und schnitt ein Stückchen Fleisch ab. Mir lief das Wasser im Maul zusammen, ich schnappte, und – wupps! – schnappte sie auch und hatte mich am Kragen. Nie hätte ich gedacht, daß Jana so hinterlistig sein könnte! Sie hakte mir meine Leine an und setzte mich neben mein Körbchen hinten ins Auto.

Wir fuhren aus dem Hof, beim Nachbarn Lahmbein vorbei, bogen in die Straße ein, da wußte ich, daß sie mich wegbringen. Plötzlich tat mir alles weh, am meisten der Bauch ganz oben. Je länger wir fuhren, desto schlechter wurde mir, und schließlich mußte ich mein ganzes Mittagessen auswürgen. Ambros schimpfte, aber Jana hatte Mitleid mit mir, sie sagte, ich stürbe ja fast vor Angst. Mir war schon alles egal, am liebsten wollte ich sterben. Nichts und gar nichts habe ich ihnen angetan, daß sie mich so von daheim wegjagen dürfen. Ich machte die Augen zu und hörte einfach auf zu atmen. Wenn ich erst tot bin, werden sie begreifen, welch ein lieber, lustiger und kluger Kifko ich gewesen bin. Aber dann wird es zu spät sein.

Leider mußte ich doch noch ein bißchen atmen, und

die Augen machte ich auf, als das Auto hielt. Da standen unsere Enkel und begrüßten mich fröhlich!

Ich sprang hinaus – und all meine Angst war weg! Wir rannten dreimal ums Haus, dann erwischte mich der Mensch Papa an der Leine, und wir gingen ins Haus. Dort duftete es wie im Himmel; so wunderbar duftet es bei uns nie, nicht einmal sonntags vor dem Mittagessen.

Im Zimmer stand der gleiche Baum wie bei uns daheim. Wir stellten uns vor ihm auf, sie löschten die Lampen und zündeten am Baum Kerzen an. Alle machten komische Gesichter, ganz ernst, aber nicht böse, und begannen sehr feierlich zu singen, ich verstand nur »... still gemacht«.

Weil ich sah, daß auch der kleinste Enkel mitsang, sang ich auch. Als erste fingen die Enkel an zu kichern, dann lachten alle und konnten vor lauter Lachen nicht weitersingen.

Die Mutter unserer Enkel sagte: »Kifko, du hast uns die ganze Feierlichkeit vermasselt.«

Es hörte sich nicht einen winzigen Faden nach Wischlappen an. Nun reichte jeder jedem die Hand, der Kleine hockte sich zu mir und schüttelte mir die rechte Vorderpfote. Ich denke, deswegen durfte er sich auch als erster etwas vom Baum pflücken. Danach kamen die anderen an die Reihe und zum Schluß ich. Ich bekam ein langes, aber leider sehr dünnes Würstchen. Ich durfte es in aller Ruhe verspeisen, dann aber legten sie mich im Korridor neben meinem Körbchen an die kurze Leine. Später schenkte mir jeder Enkel noch einen mageren Keks. Das war's dann auch. Was so wunderbar duftete, wurde in die Stube getragen, und ich durfte nur Speichel schlucken.

Es war Nacht, als wir nach Hause fuhren. Ich wußte nun, daß Weihnachten für einen Hund ein Haus voll himmlischer Düfte, ein dünnes Würstchen und drei Schnapp-Kekse ist. Mehr nicht. Höchstens noch viel Aufregung und Bauchschmerzen.

Daheim bekam ich von Jana einen vierten Keks und ein Tütchen voll Lob, weil ich mich anständig betragen und das »Stillgemacht« so gut mitgesungen hatte.

Gestern abend saß ich mitten in der Stube und langweilte mich. Plötzlich erschien der fremde Dackel wieder auf der Terrasse, natürlich als die Tür zu war und er sich vor mir nicht zu fürchten brauchte. Gerade wollte Ambros in die Garage, da bin ich mit ihm hinaus und wie der Blitz um drei Hausecken herum auf die Terrasse – und niemand war da! Ich guckte, ehrlich gesagt, ein bißchen dumm. Ich wollte den anderen totbeißen – und er war auf und davon! Ganz ohne Zweifel bin ich der allerschnellste Kifko der ganzen Welt, und es durfte nicht wahr sein, daß dieser Lump noch schneller sein könnte. Ich war ziemlich enttäuscht und beinahe zornig. Ich beschnüffelte die Terrasse Stück für Stück so gründlich, daß ich mir fast die Nase aufscheuerte. Überall aber duftete es nur nach mir und stank nach Katze. Nun nahm ich mir den Garten vor, sozusagen jeden Grashalm. Doch nirgendwo auch nur ein Stäubchen fremden Dackelgeruchs. Höchst sonderbar, sagte ich mir, setzte mich auf die Terrasse, machte die Augen zu und dachte nach. Mir platzte fast der Schädel, aber schließlich wurde mir die Sache klar. Nämlich: Der fremde Dackel ist kein Hund, sondern eine Katze! Eine Katze, die sich als Dackel tarnt, wahrscheinlich mit einem bösen Zaubertrick; Katzen – so wie die stinken – ist alles zuzutrauen.

Einmal aber wird es mir gelingen, dieses unanständige Katzenvieh zu erwischen, und dann gnade ihr Gott, der Dackelkatze. Ihre höllischen Zauberfaxen werden schneller aus ihr herausfahren als ich aus der Küche, wenn Jana mit dem Lappen auf mich losgeht.

Zu bemerken ist noch, daß Ambros mir wahrhaftig weismachen wollte, das Vieh auf der Terrasse sei ich. Da sieht man wieder einmal, wie kurz sein Verstand manchmal ist. Denn bin ich etwa eine stinkende Katze? Und überhaupt sieht das Biest mir gar nicht sehr ähnlich. Bei uns in der Diele hängt nämlich ein glänzendes Etwas an der Wand, gerade so groß wie Jana. Davor stellt sie sich hin, bevor sie einkaufen geht. Sie kämmt sich, setzt sich die Mütze auf, zupft an den Haaren und macht einen Mund wie ein Karpfen und leckt an einem Ding, das aussieht wie ein Goldfinger mit rotem Fingernagel. Ich sehe ihr gern dabei zu, und einmal habe ich plötzlich mich selbst gesehen. Ich muß sagen, daß ich ein ungewöhnlich schöner Kifko bin, die Brust breit, die Beine stämmig und die Ohren überaus elegant behangen. Am allerschönsten aber ist mein Gesicht, sehr klug, fröhlich und ganz lieb. So blind kann nicht einmal Ambros mit seiner dicken Brille sein, daß er nicht auf den ersten Blick sähe, wie dumm und im ganzen häßlich dieser Katzendackel von der Terrasse im Vergleich zu mir ist. Ich nehme an, unser Oberhund wollte mich nur mal testen, ob ich ihm den Unsinn glaube.

Den Goldfinger von Jana habe ich übrigens kürzlich aus ihrem Täschchen herausgekramt und dann nach dem roten Fingernagel zum Lecken gesucht. Alle Mühe und Anstrengung war umsonst, obwohl ich mir an dem Ding beinahe die Zähne ausgebissen habe. Damit sich Jana nicht erst ärgert und mit dem Wischlappen auf mich losgeht, vergrub ich den verkrüppelten Goldfinger im Komposthaufen. Jana suchte ihn dann in ihren fünf Taschen und auch in meinem Körbchen, am Ende mußte sie doch ohne die Leckerei einkaufen gehen.

Es war noch dunkel, als Jana mich aus dem Hause ließ. Ich dehnte und streckte mich, und gleich begann es mich sonderbar in der Nase zu kribbeln. Auf der Wiese lief es sich hart wie auf den Steinen vor der Haustür. Das Gras war grau und knisterte unter meinen Pfoten. Ich schlenderte durch den ganzen Garten – überall die gleiche Bescherung. Die eingegrabene Badewanne, aus der ich jeden Morgen drei oder fünf Schluck trinke, war zugedeckt. Es sah fast so aus, als hätte Jana ihren großen Spiegel aus dem Flur nachts auf das Wasser gelegt. Ich setzte mich hin, um zu überlegen. Doch gleich wurde es mir kalt am Hintern, und ohne etwas ausgedacht zu haben, trottete ich zurück. Jana machte mir die Haustür auf. »Komm schnell rein, Kifko. Draußen ist es – hu – kalt.«

Jetzt wußte ich, wer die Wiese steinhart gebacken und das Gras grau gefärbt hatte. Doch im ganzen Garten hatte ich nichts Fremdes gesehen, und gerochen auch nicht – ein sehr sonderbares Ding muß dieses »Hukalt« schon sein. Kann auch sein, Jana hat sich wieder einmal etwas ausgedacht.

Am Sonntag kamen unsere Enkel. Ich war erst sehr froh und dann ganz traurig, weil sie nicht mit mir im Garten herumtollen wollten. Statt dessen sollte ich mit ihnen auf dem Waldweg zum Teich gehen. Am Ufer kamen sie auf die Idee, sich ihre Schuhe aus- und andere anzuziehen, und dann krochen sie irgendwie unbeholfen auf das Wasser. Ich war entsetzt und bellte, so laut ich konnte. Sie lachten, und ihr Papa, der irgendein merkwürdiges Holzgestell trug, sagte: »Keine Angst, Kifko! Niemand wird ertrinken.«

Auch er ging auf das Wasser, und unser Kleiner setzte sich auf das Gestell.

Ich konnte nicht mehr anders, ich sprang hinterdrein, um wenigstens den Kleinen zu retten. Doch das Wasser war hart wie Stein und so glatt, daß ich gleich auf dem Bauch landete. Ich stand auf und rutschte weg, stand wieder auf und lag wieder auf dem Bauch. Ich stellte die Beine ganz breit – und stand! Hingefallen sind die Enkel auch immer wieder einmal, sogar ihr Papa, und weil alle jedesmal so fröhlich lachten, wenn ich ausrutschte, bin ich ihnen zuliebe noch oft auf dem Bauch über das feste, glatte Wasser gefahren. Es war so schön wie im Garten. Schließlich durfte ich mit dem Kleinen auf dem Holzgestell sitzen, und der Mensch Papa zog uns kreuz und quer über den ganzen großen Teich.

Abends allerdings mußte ich sehr viel pfützeln, weil ich ja so lange auf dem kalten, festen Wasser auf dem Bauch gerutscht war. Das hat Ambros gesagt, er selber hat freilich nur am Ufer gestanden und zugeguckt. Und gelacht, wie wir stolperten und fielen.

Am nächsten Tag wurde ich fast verrückt. Ich spielte mit den Meisen »Wechsle den Busch«, ich bellte – und sie flogen hin und her. Einmal landeten sie in einer hohen Birke, ich blickte nach oben und sah den Himmel vor lauter weißem Federgestöber nicht mehr. Ich fing einige Federn auf und hatte nichts im Maul, höchstens einen Tropfen Wasser auf der Zunge. Wirklich komische Federn! Als ob jemand einen Riesensack ausschüttete, segelten sie auf mich herab, auf Kopf und Rücken, und ringsum war alles weiß, Wiese, Büsche und Bäume.

Die ganze Sache war mir irgendwie unheimlich; nicht daß ich das große Zittern kriegte, aber wer läßt sich schon gern zuschütten. Ich bellte kurz auf, Jana öffnete mir, erblickte die weiße Bescherung und sagte: »Petrus schleißt Federn, Kifko.«

Von mir aus mag schleißen, wer da will und was er will – ich verkroch mich und verschlief den ganzen Vormittag. Die Augen zu und schlafen ist am besten, wenn einem etwas nicht geheuer ist.

Nach dem Mittagessen mußte ich freilich eilig hinaus. Das weiße Zeug lag schon so hoch, daß ich meine eigenen Pfoten nicht mehr sah. Aber wunderbar weich waren diese komischen Unfedern! Ich hüpfte auf der Wiese herum wie ein Frosch, machte Riesensprünge und landete sanft, ohne zu bremsen, und fuhr, die Nase lang, die Rute hoch, wie ein Schiff durch das Weiche – es war ein herrliches Vergnügen!

Ambros kam mit einem breiten Brett, das er an einer Stange hielt. Damit schob er die Petrusfedern vor dem Haus und der Garage beiseite. Ich wollte ihm helfen und nahm sein Brett zwischen die Zähne, um es zu ziehen. Statt eines Lobs kriegte ich Schelte.

Ambros ist so, alles will er allein machen. Neulich erst putzte Jana seine Schuhe; er kam dazu und knurrte, er könne seine Schuhe selbst putzen. Jana lachte bloß, und ich dachte, daß er doch ein richtiger Brummelsack ist, unser Oberhund Ambros.

Leider blieb die schöne Bescherung nicht lange liegen. Drei Tage lang regnete es, mal wie aus der Wasserleitung, mal wie aus der Dusche, aber ohne Unterlaß. Ambros sagte: »Ein Wetter, daß man keinen Hund vor die Tür jagen würde!« Da möchte ich doch gern wissen, welchen Zirkus er veranstaltet hätte, wenn ich nicht zum Pfützeln hinausgegangen wäre! Das habe ich schon lange gemerkt, daß die Menschen nicht immer das meinen, was sie sagen. Da muß man wirklich sehr die Ohren spitzen, um jedesmal das Richtige herauszuhören. Sonst kriegt man schnell eins mit dem Lappen gewischt, wo man gedacht hat, ein Frolic-Bonbon zu bekommen – die Frolics hat Jana extra als Belohnung für mich gekauft.

Den Wischlappen hat sie dauernd zur Hand. Gestern zum Beispiel ging ich mit ihr vors Haus und trat mit einer Pfote neben der Garage auf den Weg. Jana schrie: »Du mußt natürlich in den Morast tapsen!«

Ich hatte wahrhaftig keine Lust, mir die Pfoten zu verschlammen; aber weil sie es befahl, trottete ich zum Tor. Sofort rief sie mich zurück. Liebend gern sauste ich zu ihr – die Pampe spritzte nur so. Jana packte mich am Kragen, schlug mir den Lappen um die Ohren, rubbelte mir Bauch und Pfoten ab und schimpfte, ich sei ein richtiges Ferkel.

So hat mich noch nie jemand beschimpft. Ich ... und ein Ferkel!

Ich war sehr böse auf Jana, erst jagt sie mich hinaus in den Dreck und dann hängt sie mir Dreckworte an.

Weil ich so böse auf sie war, schnappte ich den Zettel, der ihr im Flur aus der Handtasche flatterte; sie schrie auf, ich zerfetzte den Zettel – ratz-ratz –, und als sie ihn mir wegnehmen wollte, verschluckte ich den Rest.

Ambros trat aus dem Zimmer, und Jana erklärte zornig: »Das ist ein ganz unmöglicher Hund! Zehn Mark hat er mir aufgefressen.« Ambros brummelte etwas, und Jana sagte dann zu mir: »Heulen könnte ich deinetwegen, Kifko.«

Wegen so einem Zettelchen – ich ging zu Ambros an den Schreibtisch, zog so leise, daß er nichts merkte, aus dem untersten Fach ein feines und kein bißchen zerknittertes weißes Blatt heraus und brachte es Jana.

Sie lachte, streichelte mich und sagte: »Ach, du mein lieber, dummer Kifko.«

Vor dem Einschlafen beschloß ich, jeden Tag bei Ambros ein solches Blatt zu stehlen und es Jana zu schenken. Ich denke, sie wird dann nur noch »lieber« und nicht mehr »dummer« Kifko zu mir sagen.

Jetzt ist es draußen schon hell, wenn mich Jana morgens hinausläßt. Kein Morast mehr auf dem Hof, und die Wiese ist wieder weich und beginnt sich ganz, ganz wenig grün zu färben. Mir ist es manchmal sonderbar im Bauch, in der Nase auch und sogar in den Beinen. Ich flitze – Ambros sagt, wie irre – durch den Garten, weil meine Pfoten es so wollen. Sie können und können sich nicht müde rennen, sie hören auf kein Rufen und keinen Pfiff – sie haben keine Ohren, und ich krieg's dafür aufs Fell. Das Dumme dabei ist, daß ich zugleich Rennen und Gehorchen trainieren muß. Das ist stinkkatzenschwer! Ambros sagt, daß er mir keine Jagd erlaubt, solange ich nicht aufs Wort gehorche. Allerdings ist für die Jagd nicht er mein Chef, sondern der Jäger Peter, der mich bestimmt bald holen wird. Dann muß ich aber fit sein und so schnell, daß mir kein Wildschwein davonbraust. Ich trainiere auch täglich den Angriff auf den Fuchs; einen Maulwurf habe ich schon gefangen. Ich denke, daß ein Maulwurf nicht ganz so schnell ist wie ein Fuchs. Ich müßte unbedingt wegen des Trainings einmal richtig in den Wald, nicht bloß die paar Schritt links und rechts, die mir Ambros beim Spazierengehen auf unserem Waldweg erlaubt. Freilich lerne ich auch dabei manches. Meine Nase unterscheidet genau – Irrtum ausgeschlossen! –, wo der Fuchs entlangschnürte, Rehe vorbeizogen, ein Hase hoppelte, sogar einen Marder habe ich schon ausgeschnüffelt und Eichhörnchen sowieso. Die Nase kennt sich wirklich sehr gut aus, aber wenn man dann tatsächlich einen Fuchs vor sich hat, braucht man mehr als die Nase, denke ich.

Ich saß draußen und ließ mir das alles durch den Kopf gehen, als mir der Geruch eines fremden Hundes in die Nase fuhr. Ich rannte zum Zaun und sah ihn auf dem Waldweg in unsere Richtung trotten. Ich bellte auf, er blickte hoch, kam heran und wedelte freundlich mit der Rute. Wir beschnüffelten uns durch den Zaun und fanden uns sympathisch.

Er sagte: »Ich heiße Laudan.«

Ich mußte lachen: Laudan heißen bei uns Hunderiesen, und dieser hier maß von vorn bis hinten weniger als ich, hatte aber etwas längere Beine; sein Fell war schwarz-weiß-gelb gefleckt und seine Stummelrute nackt.

Ich spottete: »Du bist wohl ein Mini-Bernhardiner, was?«

»Kann sein«, antwortete er leichthin. »Ich kenne meine Ahnen nicht.«

Ich erklärte, daß ich vier weltberühmte Ururgroßväter habe und Kifko heiße.

Das interessierte ihn nicht, er beschnupperte den Rain vor unserem Zaun, fand es langweilig hier.

Er war schon komisch. Ich fragte ihn, wo er zu Hause sei.

»Och, dort hinter dem Wald. Drei neue Häuser und ein zerfallenes Gehöft, in dem wohne ich. Langweilig ist es dort nicht. Mein Chef ist alt wie Methusalem und nicht ganz heil im Kopf. Manchmal nennt er mich Laudan und manchmal ruft er mich Miezmiez. Aber dafür kann ich treiben, was ich will.« Wieder schnüffelte er durch den Zaun. »Du riechst wie ein feiner Kumpel«, sagte er. »Komm mit!«

»Ich kann doch nicht!« sagte ich.

Er lachte. »Wozu hast du starke Pfoten? Du gräbst dort, ich hier, und in einer Minute bist du draußen.«

Ich wußte, ich darf nicht; aber schon flog hinter mir Erde hoch, und der vor dem Zaun war auch nicht faul. Ich kroch durch, er rannte los, und ich wetzte hinterdrein.

Im Hochwald war ich noch nie gewesen, er aber

wußte dort so gut Bescheid wie ich in der Stube, er kannte alle Spuren und jedes Erdloch.

Vor einem solchen Loch erklärte er mir, daß darin ein Fuchs wohne, groß beinahe wie ein Wolf und mit nur einem Ohr.

»Das rechte habe ich ihm abgebissen«, sagte er. »Einen ganzen Tag lang haben wir gekämpft, eine wilde Sache, sage ich dir! Am Ende war der Fuchs froh, daß er noch in seinen Bau kriechen konnte.«

Ich schnüffelte und schnüffelte, aber überall roch es nur nach Wildkaninchen.

An einer anderen Stelle lagen wie verstreut einige große bemooste Steine; auf einem davon entdeckte ich einen roten Fleck, er stank nach Farbe.

Laudan sagte: »Hier bin ich mal dem Förster begegnet. Er wollte mich aus dem Wald jagen. Eine halbe Wade hab' ich ihm abgebissen, sein Blut spritzte ...«

Bestimmt wollte er sagen: auf den Stein hier; aber er sagte nichts, und als ich den Kopf hob, sah ich gerade noch, wie er, die Rute zwischen den Beinen, in einer Schonung verschwand.

Hinter mir sagte jemand: »Und was treibst du dich hier im Wald herum?« Der Förster mit der Flinte!

Ich sprang auf und flitzte durch die hohen Kiefern davon, Nase, Rücken, Rute – ein Strich! –, und die Ohren flogen mir fast vom Kopf, ich stolperte, überschlug mich und zerschrammte mir die Nase; schließlich erreichte ich wieder einen Hochwald, und auf einmal wußte ich nicht mehr, wo ich war.

Ich setzte mich hin, kratzte mich, leckte mir die Pfoten sauber, leckte die zerschundene Nase; aber sosehr ich auch kratzte und leckte – ein vernünftiger Gedanke kam nicht heraus dabei. Natürlich hätte ich auf der eigenen Fährte zurücklaufen können, doch dort wartete der Förster mit seiner Flinte auf mich.

Wäre ich noch der arme kleine Kifko, hätte ich ein bißchen geweinelt.

Ich schlenderte durch den Wald, einfach so, überall roch es nach Kaninchen und stank nach Fuchs, es war mir ziemlich egal. Nirgends fand meine Nase auch nur ein Stäubchen Geruch von Ambros.

Ich trottete weiter, erblickte ein Rudel Rehe, sie flohen, und ich jagte nicht hinterher. Ich gelangte an einen kleinen Teich, trank etwas und sah mich im Wasser: ein sehr trauriger, armer Kifko. Schuld an allem ist der Strolch Laudan. Eigentlich auch mein Oberhund Ambros. Warum hat er nicht einen Zaun, unter dem man sich nicht durchgraben kann!

Das dachte ich, und gleich hörte ich auf, traurig zu sein, und wurde böse, sehr böse, muß ich schon sagen.

Das Böse riß mir von ganz allein das Maul auf – ich bellte, so laut ich konnte. Irgendwo tief im Wald bellte auch einer. Soll er bellen! Plötzlich hörte ich ein Auto hupen. Ich lauschte, sogar den Atem hielt ich an. Wieder und wieder hupte das Auto, genau als wäre es das unsere. Meine Lauscher erkannten die Richtung, und ich spurtete los.

An einem Waldweg nahe der Straße stand unser Auto, Jana saß drin und Ambros auch. Vor lauter Freude schlug mir das Herz in den Ohren, und überglücklich rannte ich hin.

Ambros stieg aus, kein Wort der Begrüßung. Er öffnete die Tür: »Rein!«

Jana gönnte mir nicht einmal einen Blick.

Wir fuhren heim.

Zu Hause hieß es: »Raus!«

Weiter nichts! Kein Knurren, kein Schimpfen, kein Wischlappen.

Ich verkroch mich in mein Körbchen. Wie glücklich war ich gewesen, und wie unglücklich war ich nun! Nicht einmal schlafen konnte ich. Ich ging zu Jana, sie tat, als sähe sie mich nicht.

Ich ging zu Ambros, er schob mich mit dem Fuß beiseite. Mit dem Fuß und ohne ein Wort!

So blieb es den ganzen Tag, und zur guten Nacht nicht ein Wörtchen, geschweige denn ein Streicheln.

Am Morgen war es nicht anders. Ich hockte in einem Winkel und dachte an den kleinen Teich im Wald.

Wäre ich dort hineingesprungen und ertrunken, wäre ich jetzt tot. Das wäre die richtige Strafe für Jana und Ambros.

Sie gaben mir zu essen und zu trinken, ich rührte nichts an. Wenn ich mich schon nicht ertränkt habe, dann will ich ihnen zur Strafe verhungern! Dann werden sie jammern: »Ach, unser lieber, braver, kleiner, fröhlicher, kluger Kifko!«

Aber das wird ihnen nichts mehr helfen, die Reue kommt zu spät. Warum sind sie auch so grausam zu mir!

Gegen Abend rief mich Ambros zu sich. »Wirst du wieder brav sein, Kifko? Und nie wieder ausreißen?«

Er sprach ganz streng, das Gesicht wie elf Gewitter.

Jana stand dabei und war der zwölfte Donnerschlag.

Ich legte mich auf den Rücken, machte meine reumütigsten Augen und wartete.

»Du bist ein großer Schweinehund!« sagte Ambros schließlich.

»Ein richtiger Schweinehund!« sagte Jana.

Ich hörte sofort: das Unwetter war vorüber. Ich sprang an Jana hoch, dann an Ambros, dann sauste ich in den Garten, dreimal rundherum, und dann setzte ich mich vors Haus und sang aus voller Brust.

Ich werde nie wieder weglaufen.
Heiliges Ehrenwort! WAU!

Nachtrag spätabends: Hoffentlich kommt nicht wieder irgendein Laudan und verlockt mich. Denn, ganz ehrlich, schön war's im Wald doch!

Es ist schon komisch: Vier Tage sind erst vergangen, seit wir, der Stummel-Bernhardiner Laudan und ich, das Loch unter dem Zaun ausschaufelten, und schon weiß ich, daß mein Walderlebnis ein dickes, großes, todgefährliches Abenteuer war. Mir scheint fast, daß der Förster dreimal nach mir geschossen hat und ich ihn ausgelacht habe. Es kann auch sein, ich habe ihn so fürchterlich angebellt, daß er vor mir ausgerissen ist. Vielleicht ist er dabei über seine Flinte gestolpert und ins Unterholz gekracht. Gesehen habe ich es freilich nicht, ich habe ja keine Augen im Rücken. Und in mein Auto bin ich eingestiegen, die Rute steil und den Kopf hoch.

An das, was danach kam, kann ich mich nicht genau erinnern. Ich glaube, Ambros und Jana haben ein bißchen dumm mit mir getan. Kann man ja verstehen, weil sie den Förster haben schießen hören, drei- oder sogar siebenmal, und gedacht, ich liege da in meinem Blut. Jana hatte ein ganz nasses Gesicht. Darum habe ich ihnen versprochen, nicht wieder in den Wald zu laufen. Was ich verspreche, halte ich und lasse mich nicht provozieren. Schon gar nicht durch Nachbar

Lahmbein. Der stelzte doch an unserem Gartentor vorbei und knurrelte: »Immer hübsch zu Hause bleiben, Jungchen! Darfst dafür deiner Jana auf den Schoß kriechen.«

Ich pißte ihn durch die Drahtmaschen an, einfach so, ohne ein Wort. Dieses Gurkenfaßohr kann mich nicht beleidigen. Mich, der dem Flintenförster beinahe eine halbe Wade abgebissen hätte. Kein Grund auch, Lahmbein zu verraten, daß ich mir in der hintersten Ecke unter den dicken Büschen, die jetzt gelb blühen, ein neues Loch gegraben habe.

Probehalber bin ich durch und gleich wieder zurück und habe mich vor die Haustür auf die Kokosmatte gelegt, so richtig dösig, die Augen zu und die Ohrenklappen dicht. Jana, die alle naselang meine Anwesenheit kontrolliert – was gemein ist und mich wirklich kränkt –, machte die Tür auf, sah mich liegen und verschwand. Im selben Moment wetzte ich los, in die gelben Büsche, durch den Zaun, hundert Sprünge über die Hungerwiese, und schon war ich auf dem Feldweg. Links ein Riesenfeld mit pfotenlangem Grünzeug, rechts bis zum Waldrand verdorrtes Gras – und von dort fuhr mir ein ganz fremder, wilder Geruch in die Nase. Ich schwöre mit allen vier Pfoten, ich wollte nicht in den Wald, aber meine Nase rannte hin, und meine Beine mußten mit. Ein Brombeergestrüpp und dann ...

Ich lebe noch, nur weil ich der schnellste Kifko der ganzen Welt bin. Das stinkende schwarze Untier, dreckig und borstig, mit Augen groß wie mein Freßnapf, eine Steckdose vorn am fürchterlichen Rüssel – es hätte mich mit einem Happs verschlungen, wenn ich mein Loch im Zaun nicht gehabt hätte. So ein Loch ist eine wirkliche Lebensversicherung. Aber das begreifen meine Leute nicht.

Ich lag wieder auf der Matte, ausgehechelt und im Kopf immer noch das Urvieh, als Jana herauskam. Sie guckte mich scharf an, ich guckte bloß mit einem Viertelchen Auge zurück, weil sie behauptet, sie sehe mir ein schlechtes Gewissen an den Augen an.

Mit Hacke und Gartenschere zog sie los, zu den Rosen am Zaun, hinter dem das verdorrte Grasstück liegt. Ich trödelte hinterdrein. Sie fuhrwerkte zwischen dem Stachelzeug herum, ich stellte mich am Zaun auf die Hinterpfoten und suchte mit Augen und Nase das Gelände ab. Es konnte ja sein, das wilde Schwarztier hat einen Herzschlag gekriegt, als es mir nachrannte, und liegt nun tot da. Sicherlich ist es tiefer in den Wald geflüchtet. Denn wenn ich in Braß bin, mache ich lange Beine – und ich war ja in Braß! Jana redete freundlich mit den Rosen oder mit sich, kann auch sein, sie meinte mich. Ich beschäftigte mich mit Pfotenpflege, leckte mir gründlich den wilden Geruch vom

Waldrand aus der Nase und hörte nicht auf sie. Wir arbeiteten ziemlich lange. Schließlich rammte sie den Hackenstiel in den Boden und holte die Gartenschere aus der Tasche. Ich wußte gleich, was sie vorhatte, und sauste unter das gelb blühende Gebüsch. Bevor sie heran war, hatte ich meinen Ausgang mit altem Laub zugeschaufelt. Nun kann sie gucken und sieht nichts, und ich brauche zwei Atemzüge und habe das Loch wieder. Sie schnitt einen Haufen von dem gelben Zeug ab und sagte: »Schön – nicht wahr, Kifko?«

Ich mußte niesen, sie sagte: »Gesundheit, mein Lieber!«

Also, ich muß schon sagen, manchmal liebe ich Jana richtig.

Sie ging ins Haus. Ich setzte ein paar Duftmarken als Wegweiser zu meinem Geheimausgang hin – das spart Zeit. Dann suchte ich im alten Laub unter der Buche nach dem Igel. Sein Bett stank noch igelig, aber er war weg. Auf dem Vogelbeerbaum an der Sauna saß eine Amsel und fifolierte die Abendsonne an. Amseln sind schon komisch: Im Sommer flöten sie wie die Weltmeister, im Winter können sie bloß noch heiser keckern. Aus der offenen Saunatür zog Geruch heraus. Wenn ich nicht hier zu Hause wäre, würde ich sagen, es stinkt. Seife, verschwitztes Holz, Pfefferminze – eine üble Mischung. Mich wundert schon sehr, daß meine

Leute da hineingehen und keine dicke Nase kriegen. Noch mehr wundert mich, daß Jana hinterher duftet wie verrückt. Ich bewache immer ihre Sachen. Manchmal gelingt es mir, ihr beim Anziehen schnell die Beine zu lecken. Sie mag es gar nicht, aber ich mag es.

Noch vor der Hausecke roch ich sie, ich bog herum, und sie lag auf unserer Matte vor der Haustür: eine schwarzgepunktete Dame! Sie stand auf, sie hatte wunderschöne lange Beine und freundliche Augen. Ich verbeugte mich, die Rute steil, der Behang wie eine Fahne. Ich sagte: »Meine Dame ...« Ich glaube, ich stotterte ein wenig. Sie lächelte und sagte: »Ich bin ein junges Mädchen, Herr ...«

»Kifko«, sagte ich schnell. »Ich heiße Kifko und freue mich, Sie bei uns zu sehen.«

»Sie sind sehr freundlich«, sagte sie. »Wir sind zu Besuch hier. Ich heiße Bettina. Sie können ›Betty‹ zu mir sagen.«

Wir begrüßten uns Nase zu Nase. Betty war nicht nur schön und sehr gebildet – ich mußte gleich an Laudan denken, den Waldstrolch, und an Nachbar Lahmbein, den Grobian und Stinker –, sie duftete auch, ich weiß nicht, wie ich sagen soll, vielleicht: toll schön fremd. Oder auch gar nicht fremd. Ich sagte: »Betty, du ...!« Mir schien, sie wurde ein bißchen rot. Ihre Nase kam noch einmal zu meiner Nase, und wir waren beide sehr froh.

Ich wollte ihr meinen Garten zeigen und den Knochen schenken, den ich unter einem Apfelbaum vergraben hatte. Aber sie sagte, sie müsse vor der Haustür warten.

Wir warteten zusammen, es war eng auf der Matte, aber das war angenehm. Ich erzählte von dem Wildschwein. Eigentlich wollte ich erzählen, daß ich auf es los bin, mutig und voller Braß. Statt dessen berichtete ich, wie ich zu Tode erschrak vor dem Untier und um mein Leben gewetzt bin bis zu meinem Loch im Zaun.

Betty lief ein Schauder übers Fell, und sie sagte: »Du bist klug, Kifko, und schön.« Und dann leckte sie mir die Ohren.

Jana und eine fremde Frau traten aus dem Haus, lachten und freuten sich, daß Bettina und ich uns angefreundet hatten. Dann redeten sie immer noch etwas miteinander und immer noch etwas. Wir hatten nichts dagegen. Schließlich sagte die Fremde zu mir: »Ich soll dich schön grüßen von Peter, Kifko. Bald ist Ostern.«

Ich sprang auf und wußte sofort: Zu Ostern darf ich mit Peter auf die Jagd gehen.

Die Frauen lachten, ich sei ganz zappelig, und Jana sagte, Ostern sei erst in einer Woche, bis dahin müsse ich noch warten. Betty stand schon angeleint neben Peters Frau und sagte: »Ich danke für die Unterhaltung. Ich hoffe, wir sehen uns wieder.«

»Ja, ja«, sagte ich und bellte laut zu der Frau hinauf,

ich hoffe, sie richtet meine Grüße an ihren Peter aus. Bettina hatte ich ganz vergessen.

Ich rannte dreimal am Zaun entlang durch den Garten, zerkratzte mir das linke Ohr im Gestrüpp von Wildrosen und Brombeeren, und dann schlich ich mich vor die Terrasse. Dort wachsen Blumen mit dicken gelben Köpfen. Jana hat mir verboten, dazwischen herumzutapsen, weil das Osterglocken seien. Ich setzte mich vorsichtig vor eine und schaltete die Ohren auf höchste Stufe. Ich hörte einen dicken Brummer und kein Geläut, schob mich ein bißchen näher heran – und schon stürzte Jana heraus und kreischte mich an. Ich sprang hoch, mit allen vieren gleichzeitig, die Blume knickte um, und unter der Birke liegend hörte ich Jana jammern und schimpfen. Schuld ist sie selbst: Warum erzählt sie mir auch, daß die dumme Blume Ostern einläutet.

Die Menschen sind schon komisch, sie reden soviel Zeugs, und man weiß nie, ob sie auch das meinen, was sie sagen. Ich werde mich mit Bettina einmal darüber unterhalten. Obwohl – sie ist ja noch sehr jung. Aber es war richtig schön, mit ihr auf der Matte zu liegen. Ihre Beine sind ganz seidig. Und wie wir Nase zu Nase ... Ich schnürte zu Ambros ins Zimmer und kratzte mich – noch auf der Schwelle – hinter dem Ohr. Ich mußte nicht kratzen, aber warten mußte ich. Denn manchmal knurrt er: »Raus!« und manchmal nuschelt er: »Na, mein Schlawiner.« Im ersten Fall verziehe ich mich, im zweiten entere ich den braunen Schaukelstuhl vor der Bücherwand – und rolle mich zusammen.

Heute sagte er: »Fein, Kifko!« und schrieb weiter.

Vom Schaukelstuhl aus sah ich ihm zu. Wir arbeiten oft so zusammen. Meistens hockt er brav da, und es ist langweilig. Manchmal knarrt und knurrt er unanständige Wörter, und ich lausche. Wenn er nämlich viele solcher Wörter hintereinander ausstößt, schmeißt er den Stift auf den Tisch – und wir gehen spazieren.

Heute war Langeweile an der Reihe. Ich machte die Augen zu und dachte an Ostern. Vielleicht bringt der Peter Bettina mit. Ich stelle mir vor, wir sind im Wald, und plötzlich schießt diese schreckliche Wildsau aus dem Dickicht direkt auf Bettina zu, und ich kämpfe mit dem Biest. Für Betty bis zum letzten Tropfen Blut. Jawohl, das werde ich tun!

Ich sprang vom Schaukelstuhl und reckte und streckte mich, knurrte furchterregend und zeigte die Zähne.

Ambros guckte mich an und schüttelte den Kopf. Ich glaube nicht, daß unser Oberhund für Jana so kämpfen würde wie ich für Betty.

Wenn doch bald Ostern wäre!

Freitag ist immer, wenn Frau Hausch kommt. Sie zieht die Schuhe aus und Pantoffeln an und hilft Jana im Haus und beim Reden. Ich höre ihnen gern zu, sie reden freundlich und lachen auch. Für mich bringt Frau Hausch meistens ein Endchen Wurst mit oder einen Happen Fisch, und abends kriege ich den Napf voll mit frischem Schweineherz. Wir machen auch Spaß, sie wirft mir mein Trockenreibtuch über den Kopf und ich tue so, als ob ich mich aus dem Ding nicht herausfitzen kann. Ich spiele gern Verstecken.

Einmal habe ich einen ihrer Schuhe geschnappt und in dem Haufen Komposterde ganz hinten im Garten vergraben.

Zu Mittag zog sie sich an und hatte bloß einen Schuh. Gleich sagte sie: »Bring mir bitte meinen Schuh, Kifko.«

Ich guckte sie an, die Augen groß und ehrlich. Sie bat noch einmal, ich betrieb Körperpflege. Jana saß vor der Schreibmaschine und hämmerte eifrig. Frau Hausch petzte, und Jana fauchte: »Wo hast du den Schuh?«

Ich hatte keinen Schuh, konnte doch jeder sehen.

Sie suchten in meinem Korb, unter dem Tisch, im Bad, und dann ging Jana zu Ambros ins Zimmer und verklagte mich. Der Oberhund machte wilde Augen und grollte mich an. Ich schwänzelte zur Haustür, sie kamen zu dritt hinterher. Ich schlenderte Richtung hinterste Gartenecke, und Ambros schrie: »Los, los! Her mit dem Schuh!« Es klang ziemlich böse, ich schob den zweiten Gang ein, grub den Schuh aus und legte ihn zwanzig Schritt vor ihnen im dünnen Gras ab. Frau Hausch wollte ihn gleich holen, aber Ambros hielt sie zurück und sagte, ziemlich leise, ziemlich gefährlich: »Hierher!« Er ist ein großer Spielverderber.

Wenn er Frau Hausch nicht zurückgehalten hätte, wäre ich mit dem Schuh losgewetzt, rund um die Buche vielleicht. Wir hätten Fangen gespielt, Fangen spiele ich noch lieber als Verstecken. Frau Hausch wäre mir nachgerannt – ein Schuh, ein Strumpf –, es wäre lustig gewesen, und Jana hätte bestimmt gelacht.

Nichts war mit lustig, Ambros guckte wie zehn Gewitter. Ich nahm den dreckigen Schuh und schleppte ihn hin. Bis auf zwei Schritt, ließ ihn fallen und fuhr wie ein Blitz fünf Sprünge zurück. Bevor Ambros sich neue Befehle ausgedacht hatte, schnappte sich Frau Hausch ihren Schuh und sagte – wirklich und wahrhaftig sagte sie: »Danke, mein Kifko.«

Da sieht man wieder, wie verschieden Menschen sind. Ich hoffe, Ambros nimmt sich ein Beispiel an Frau Hausch. Ich denke, daß ich Frau Hausch liebe.

Heute ist sie wieder da, also ist Freitag. Wurstzipfeltag und Schweineherztag. Mein Oberhund kam, alte Hose und alte Lederjacke, ich nahm an, er wolle den

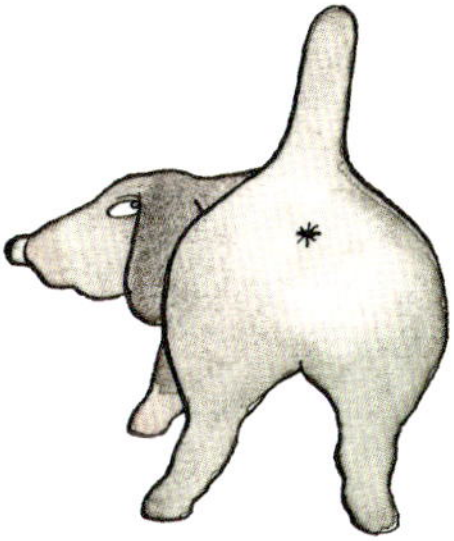

Gemüsegarten umgraben. Er setzte sich ins Auto, und ich durfte mit. Autofahren ist beinahe so schön wie auf die Jagd gehen, denke ich. Wir fuhren ins Dorf zu einem großen Gehöft. Auf dem Hof standen Pferde, drei für jede meiner Pfoten, und bei den Pferden wuselten Männer und Jungen herum. Ambros kurbelte ein Fenster herunter, damit ich alles sehen und riechen konnte.

Pferde habe ich schon oft gesehen. Manchmal stolzieren sie auf unserem Waldweg und tragen Männer auf ihrem Rücken. Sie riechen sehr fremd, den Kopf haben sie ziemlich weit oben – ich glaube nicht, daß sie immer sehen, wohin sie mit ihren großen Hufen treten. Ich gehe nicht auf Pfotennähe an sie heran.

Ambros ging ganz nahe an eines heran, es war braun, dick und schielte. Ambros streichelte ihm die Nase und fing an, es zu bürsten. Mich hat er noch nie gebürstet. Ich legte mich hin und schlief. Als ich ausgeschlafen war, hatte sein Pferd Lockenwickler am Nacken und am Schweif, und Ambros hockte vor ihm und bemalte seine Hufe mit schwarzer Farbe. Ich möchte das ja nicht haben. Aber hat er mich je gefragt, ob er mir die Zehen lackieren darf? Soll er sich doch das Lockenwicklerpferd in seine Stube holen! Ich denke nicht, daß ich weiter mit ihm arbeiten will.

Wir fuhren nach Hause, er stank nach Pferd, und

ich sagte kein Wort. Am nächsten Tag wienerte er seine langen Stiefel, bis ich mich darin spiegelte. Dann hängte er einen schwarzen Anzug in die Sonne und putzte ihn, als wäre er ein Pferd. Auf einmal hörte ich Glocken läuten, ganz nahe und sehr ferne. Ambros stürzte ins Haus, setzte sich ans Klavier, donnerte Töne und sang – oder jaulte – »Hahuja« und noch irgend etwas dazu.

Ich lief zu Jana, vielleicht hat ihm das viele Putzen im Kopf geschadet. Sie sah sofort, daß ich besorgt war, lächelte und sagte: »Halleluja, Kifko! Es ist Ostern!«

Ich wetzte zum Gartentor. Im Haus haute Ambros weiter das Klavier und sang, vor der Tür glänzten hochnäsig die Stiefel, am Wäschepfahl blies sich der schwarze Anzug auf, Jana ging mit einem vollen Korb in den Garten, und ich blieb am Tor sitzen und wartete auf Peter.

Ich hörte das Auto, als es von der Straße abbog. Als es beim Nachbarn Lahmbein vorbeifuhr, wußte ich, es waren unsere Kinder. Ihr Papa öffnete das Tor und sagte zu mir: »Na, du Schlawiner«, und ich sprang an ihm hoch. Er schimpfte nicht, weil er auch alte Hosen anhatte. Die Kinder und ihre Mama kletterten aus dem Auto – ich wußte gar nicht, wen ich zuerst begrüßen sollte. Sie brachten Tulpen und Osterglocken für Jana, für Ambros ein großes rotes Ei, darauf war eine Zigarre

gemalt, und für mich ein Paar Würstchen, ich durfte aber bloß eines fressen.

Wir gingen nicht ins Haus, sondern gleich in den Garten, alle machten Gesichter, als würde es Würstchen regnen.

Jana sagte: »Also – Osterhasenbrot!«

Sie schwärmten aus, in die Büsche, zum Vogelbeerbaum, unter die Buche. Ich lief mit Florian, weil er der Kleinste ist und noch nicht so gut suchen kann. Ich roch Schokolade, bellte, und er pflückte sie von einem Buchenast. Dann sah ich in dem gelb blühenden Busch etwas Rundes hängen. Es war ein Fußball. Wir spielten gleich auf der Wiese. Er stieß den Ball mit dem Fuß, und ich sauste hinterher und rollte ihn mit Nase und Pfoten. Es war sehr aufregend. Ich würde gern immer Fußball spielen. Leider mußten wir bald aufhören, weil auch der Papa ein Pferd putzen mußte. Sie packten ihre bunten Päckchen und den Ball ins Auto und fuhren weg. Ich bellte laut »Auf Wiedersehen«.

Jana fragte: »Hast du denn dein Osterei gefunden, Kifko?«

Ich hatte kein Ei gesehen. Sie ging mit mir zu den dicken Wacholdern, ich sollte da suchen. Wacholder riechen so stark, daß ich darunter nicht einmal den Knochen wiederfinde, den ich selbst verbuddelt habe. Wie könnte ich da ein Ei erschnüffeln? Doch Jana zu

Gefallen fuhr ich in das Grünzeug hinein – und beinahe wäre ich mit der Pfote in einen Napf mit Schweineherz getappt! Ich sah Jana zum Dank kurz an und verschlang das Fleisch.

»Na, mein Kifko«, sagte sie und lächelte.

Ich liebe Jana wirklich sehr.

Sie pflückte mir einige Wacholdernadeln vom Rücken und zeigte mir in der Stube ihr Ostergeschenk: ein buntes Tuch, das sie sich um den Hals band und ich bewundern sollte. Ich fand es nicht besonders, es war so dünn, daß es nicht einmal für meinen Schlafkorb taugen würde.

Dann machte sie vorsichtig ein Kästchen auf, da lagen drei Eier drin. Das war auch keine Überraschung, ich hatte ja manchmal zugesehen, wie unser Oberhund sie zerkritzelte und bemalte.

Jana aber machte ein Gesicht, als hätte sie einen Kalbsknochen mit viel Geknorpel dran gekriegt.

Sie rief: »Ambros!« Der Oberhund kam – ich muß schon sagen, gehorsam ist er –, sie küßte ihn – mich küßt sie nie! – und sagte, er sei ein großer Künstler. Er guckte ein bißchen dumm wie meistens, wenn er nicht gerade mich belehrt oder beschimpft. Und dann sagte er: »Ich freue mich sehr, wenn du dich freust, meine Liebe.« Mir riß es den Mund auf vor Staunen über unseren Brummsack. Ich beschloß zu beobachten, ob er sich auch so anständig aufführt, wenn nicht gerade Ostern ist.

Am nächsten Morgen lag ich zwischen Haustür und Gartentor, vielleicht kommt Peter doch. Ein Fink landete auf meinem Rücken. Bevor ich etwas unternehmen konnte, flog er mit einem Schnabel voll meiner Winterwolle davon. Ich brummte: »Frech wie ein Spatz«, obwohl es mir völlig egal ist, wo meine Wolle bleibt.

Weißes Hemd, schwarzer Anzug, Glanzstiefel und in der Hand eine glänzende schwarze Röhre, so kam Ambros heraus. Vor der Garagentür setzte er die Röhre auf den Kopf, und ich dachte wirklich, er will wahrscheinlich Schornsteinfeger lernen. Beim ersten Mal schon fällt er bestimmt vom Dach, wenn er überhaupt hinaufkommt, so tapsig, wie er ist.

Er fuhr den Wagen aus der Garage, ich sprang heran, er knurrte: »Du bleibst hier!«, öffnete die Tür für Jana, und sie fuhren davon.

Garage offen, Gartentor offen – es kann nicht lange dauern, sagte ich mir und setzte mich vors Tor. Jana kam allein zurück, und wir hatten einen ruhigen Vormittag miteinander. Ich schlief ein bißchen, und ein bißchen dachte ich über den Schornsteinfeger Ambros nach. Er weiß doch, daß ich solche Feger nicht leiden kann. Vielleicht – das fiel mir so ein – spielt er Zirkusdirektor: Ich habe schon zweimal Zirkus im Fernsehen angeguckt, viele Tiere, die nach nichts riechen.

Jana zog sich fein an, nahm ihr Täschchen und meine Leine, schloß Haus und Garage, wir fuhren los, sie redete von Ostern und von Reitern, ich verstand nichts. Die Straßen waren voller Autos, und das Dorf, wo wir vor einem Hoftor hielten, war voller Leute. Jana kurbelte ein Fenster so weit herunter, daß ich gut hinaussehen konnte. Sie stellte sich zu den Leuten vor der Haustür, sie begrüßten sich und redeten durcheinander. Plötzlich roch ich Pferde, ich stellte mich ans Fenster und schnüffelte.

Jana kam und sagte, ich solle gut aufpassen. In diesem Augenblick hörte ich – noch sehr fern – Männer singen und Hufe trappeln. Dann bogen sie um die Ecke, Pferde, Fahnen und auf den Pferden lauter Schornsteinfeger oder Zirkusdirektoren. Die Pferde hatten Silber auf der Nase oder Blumen, nickten dauernd, und es war zu sehen, daß sie sich etwas einbildeten auf ihre geschmückten Nasen und die bunten Schleifen am Schweif. Ich würde mir das Zeug ganz schnell abreißen.

Die Männer auf den Pferden interessierten mich nicht, bis ich plötzlich Ambros sah. Er saß auf seinem dicken Pferd, sang laut das »Hahuja« und sah eigentlich ziemlich gut aus. Neben ihm ritt der Papa unserer Kinder, er entdeckte mich und winkte, und ich freute mich. Ich erkannte dann auch Peter und den Nachbarn, bei dem Meister Lahmbein wohnt. Aber ehrlich gesagt: Es waren zu viele Pferde. Ich denke, ich hatte den ganzen Bauch voll mit ihrem Geruch.

Auf der Heimfahrt schwärmte Jana vom Osterfest. Ich wußte nur, es war vorbei, und der Peter hatte mich nicht zur Jagd abgeholt.

Ich liege da und bin verrückt! Und wütend! Und ein ganz armer Hund! Am liebsten würde ich bloß noch die unanständigen Wörter, die unser Oberhund manchmal hervorbringt, knurren, bellen, jaulen!

Zwei Tage nach Ostern kam der Peter zu uns, grün angezogen und voller Freundlichkeit. Wir fuhren in den Wald, ich war sehr aufgeregt. Er stieg aus dem Wagen, nahm mich an die Leine und hielt einen Vortrag über Waldtiere, Fährten und daß ich gut lernen solle. Ich schnüffelte herum und dachte an die Wildsau und wie wir miteinander gekämpft haben. Ich brauche wirklich keine Predigt vom Lernen. Dann liefen wir – die Leine ganz kurz, was ich überhaupt nicht leiden kann – tiefer in den Hochwald hinein. Es waren sehr viele Düfte am Boden, aber in der Luft eigentlich bloß welche von Kiefern und vom Peter. Wir stiegen einen Hügel hinauf, der Boden war lauter Sand. Eine Maus riß vor mir aus. Peter hielt mir wieder eine Rede, daß ich auch ohne Leine in seiner Nähe bleiben müsse, und nahm mir die Leine ab. Ich wetzte in einem großen Kreis um ihn herum. Plötzlich war da ein Loch und ein Stinkgeruch, fast wie von dem Urvieh am Waldrand. Hierher hat es sich also vor mir verkrochen, dachte ich gleich und war im Augenblick wieder richtig in Braß. Ich fuhr wie der Teufel in den Tunnel hinein, ein schreckliches weißgraues Tier haute mir seine stinkende Tatze ins Gesicht, die Haut riß, und bevor es ein zweites Mal zuschlagen konnte, schafften es meine Füße, mich aus dem Loch zu schieben. Der Peter hockte davor, schimpfte schlimmer als Ambros, sah mein blutendes Gesicht, drückte den Lappen Haut an, nahm mich hoch und lief im Trab zum Auto. Aus seinem Koffer holte er weißes Zeug und wickelte mir den Kopf ein. Ich konnte kaum noch atmen, und sehen konnte ich gar nichts.

Zu Hause wickelte er meinen Kopf wieder aus, Jana jammerte vor Mitleid, und Ambros brummte gutartig.

Der Peter untersuchte meine Verwundungen, es tat ziemlich weh, aber ich ließ es mir gefallen. Dann stach er mich erst hinten links, dann hinten rechts in den Schenkel, ich wurde müde und ließ ihn ohne Protest an den Lappen unter meinem linken Auge herumfummeln. Ich beschloß, ein bißchen zu schlafen. Als ich

aufwachte, lag ich in meinem Korb, und die drei standen da, ganz weit weg, als ob sie hinter dem Gartenzaun stünden. Ich blinzelte, zehnmal oder noch mehr, und dann waren sie wieder in der Stube, und ich war in der Stube, und unter dem linken Auge tat es mir weh.

Jana hockte sich hin, strich mir über den Rücken und murmelte: »Ach, mein armer Kifko!«

Der Peter sagte: »Ich denke, er wird in keine Dachshöhle mehr hineinfahren.«

Das hörte sich an, als sagte er, daß es morgen regnen würde. Ohne schlechtes Gewissen.

Unser Oberhund knurrelte nur »Hoffentlich«. Er ist und bleibt ein Pessimist in bezug auf mich.

Jana gab mir ein Stückchen Schokolade, ich schluckte, und unter dem Auge tat es mehr weh. Ich hob die Pfote, und Jana sagte: »Bloß nicht kratzen, Kifko!«

Ich brummelte und machte die Augen zu. Ich lag da und dachte nach. Der Peter hat mich in den Wald gefahren, mir lange Predigten gehalten über Fährten und anderen Kinderkram – und wo war da die Rede von einem Dachs? So wahr ich schwer verwundet bin: kein Wort! Kein Wort vom Dachs und seinem Gestank und daß er gegen jede Regel sofort zuhaut und einem das halbe Gesicht zerfetzt. Keine Warnung. Und die Leine hat er mir auch noch abgenommen.

Ich kam zu dem Schluß, daß an allem Peter schuld ist. Ich bin sehr böse auf ihn.

Zwei Tage später kam er, er wolle nach mir sehen. Ich guckte ihn nicht an, hob nicht einmal den Kopf. Er braucht ja nicht zu wissen, daß es mir bloß noch beim Schlucken ein bißchen weh tut. Er sagte zu Jana, er sei sehr zufrieden mit mir. Seinen Keks nahm ich trotzdem nicht, es war ja auch kein Butterkeks.

Jana ging mit ihm über die Terrasse in den Garten, die Tür blieb einen Spalt offen. Im Garten redeten jetzt zwei Frauen und Peter, und plötzlich strömte ein Wunderduft herein, und eine schwarz-weiße Nase drückte die Tür auf. Ich sprang aus dem Korb, ich lachte, und Bettina lachte auch. Wir begrüßten uns sehr lange. Sie sagte: »Ich freue mich, dich wieder gesund zu sehen.« Sie ist wirklich gebildet.

Ich sagte »Beinahe« und zeigte ihr meine Verwundung. Sie fuhr mit der Zunge zweimal ganz zart über die Stelle. Dann legten wir uns vor der Couch auf den roten Teppich, weil Betty es so wollte. Er bringe ihre Farben gut zur Geltung, erklärte sie, und ich sagte nicht, daß wir hier, auf dem heiligen Teppich von Ambros, nicht liegen dürfen. Wir schmusten, und ich erzählte von dem Dachs. Betty hatte noch nie einen gesehen. Ich sagte: »Fast so groß wie die Couch. Oder vielleicht halb so groß.« Betty lief ein Schauder über das Fell. Ich mußte ihr versprechen, nie wieder mit einem Dachs zu kämpfen.

»Außer wenn er dich angreift«, flüsterte ich und legte ihr meine Pfote um den Hals. Sie legte mir ihre Pfote über den Rücken.

In meinem ganzen Leben war noch nichts so schön, wie neben Betty zu liegen. Vor der Couch auf dem verbotenen roten Teppich.

ISBN 3-378-00633-1

3. Auflage 2001

Einbandgestaltung atelier : [doppelpunkt], Berlin

Druck und Binden Druck- und Verlagshaus Erfurt seit 1848 GmbH

Printed in Germany